As origens de Roma

FUNDAÇÃO EDITORA DA UNESP

Presidente do Conselho Curador
Herman Voorwald

Diretor-Presidente
José Castilho Marques Neto

Editor-Executivo
Jézio Hernani Bomfim Gutierre

Assessor Editorial
Antonio Celso Ferreira

Conselho Editorial Acadêmico
Alberto Tsuyoshi Ikeda
Célia Aparecida Ferreira Tolentino
Eda Maria Góes
Elisabeth Criscuolo Urbinati
Ildeberto Muniz de Almeida
Luiz Gonzaga Marchezan
Nilson Ghirardello
Paulo César Corrêa Borges
Sérgio Vicente Motta
Vicente Pleitez

Editores-Assistentes
Anderson Nobara
Arlete Zebber
Ligia Cosmo Cantarelli

Alexandre Grandazzi

As origens de Roma

Tradução
Christiane Gradvohl Colas

editora
unesp

© Presses Universitaires de France, 2003
© 2009 da tradução brasileira

Fundação Editora da UNESP (FEU)
Praça da Sé, 108
01001-900 – São Paulo – SP
Tel.: (0xx11) 3242-7171
Fax: (0xx11) 3242-7172
www.editoraunesp.com.br
www.livrariaunesp.com.br
feu@editora.unesp.br

CIP – Brasil. Catalogação na fonte
Sindicato Nacional dos Editores de Livros, RJ

G779o

Grandazzi, Alexandre
    As origens de Roma / Alexandre Grandazzi; tradução Christiane Gradvohl Colas. – São Paulo: Ed. UNESP, 2010.
    176p.

    Tradução de: Les origines de Rome
    Inclui bibliografia
    ISBN 978-85-393-0000-6

    1. Roma – História – Até 510 a.C. 2. Roma – Antiguidades. 3. Mitologia romana. I. Título.

10-0644.
                                                                                                CDD: 937
                                                                            CDU: 94(37)

Editora afiliada:

Asociación de Editoriales Universitarias
de América Latina y el Caribe

Associação Brasileira de
Editoras Universitárias

À memória de
Jacques Heurgon

Sumário

Introdução   9

  1 A lenda   15

  2 A tradição literária: formação e
   interpretações   43

  3 O ambiente natural   63

  4 A civilização lacial   71

  5 Arqueologia romana   81

  6 Da lenda à história   99

  7 A Roma das origens: os deuses, os
   homens, o rei   135

Conclusão   169

Bibliografia   173

Introdução

Quando e como nasceu Roma? Seria possível fixar com precisão um início e uma origem para a extraordinária aventura de uma cidade que um dia iria dominar o Mediterrâneo, grande parte do mundo até então conhecido? O que se sabe dos dois séculos e meio durante os quais, no dizer da tradição antiga, Roma foi comandada por reis? Esses primeiros tempos são descritos em obras literárias que privilegiam as lendas: o que se deve pensar desses textos – posteriores, aliás, à época que supostamente narram? Pode-se relacioná-los com as inúmeras descobertas arqueológicas feitas nos últimos anos em Roma e no Lácio?

A partir dessas interrogações, estruturou-se, progressivamente, há algumas décadas, o estudo daquilo a que chamamos as origens de Roma, isto é, tanto os tempos anteriores à existência da cidade quanto os de seus primórdios monárquicos. O que era apenas uma parte da etruscologia, hoje emerge como um domínio quase específico no âmbito das ciências da Antiguidade, marcado por profundas transformações de questionamentos e de métodos (em um processo que lembra como, nos anos 1970, a Antiguidade tardia tornou-se área autônoma do conhecimento). Aliás, não se trata mais apenas de Roma: o que está em questão é o surgimento da cidade-estado em todo o centro da península italiana durante a proto-história. Do século XI ao início do V a.C., por conseguinte, mais de meio milênio da história da humanidade expõe-se à observação e à pesquisa.

Nesse contexto, a investigação sobre as origens, a formação e o nascimento – e mesmo a fundação – de Roma constituiu-se como um domínio em que se distinguem hoje vários subconjuntos, conforme sua sequência cronológica: do ponto de vista das origens de Roma propriamente ditas, o estudo dos períodos mais antigos (XI-VIII a.C.) é orientado tanto a partir dos sítios arqueológicos do Lácio como dos de Roma; a história da monarquia situa-se no período dito arcaico, e a maior parte dos especialistas estabelece uma ruptura entre uma primeira fase – de Rômulo a Anco Márcio –, que consideram quase totalmente lendária, e uma segunda, em que a parte de autenticidade parece-lhes bem maior. O surgimento, no fim do século VI a.C., e em seguida os primeiros tempos da República (a que se chama às vezes de Idade Média romana) restringem apenas aparentemente o estudo das origens de Roma – pois, cada vez mais, examinam-se os textos antigos que as descrevem, para saber como o tema inspirou e também refletiu o pensamento político e o imaginário dos romanos ao longo de sua história.

A pesquisa atual sobre as origens de Roma demanda várias disciplinas: a filologia, que visa a precisar o sentido exato, as fontes e a recepção dos textos antigos; a história das religiões, que se ocupa dos fatos religiosos que aqueles textos transmitem; a história do Direito, que narra a formação dos conceitos jurídicos na cidade emergente; a linguística, que permite atingir os estágios mais antigos da língua e, às vezes, da civilização;

e a mitologia, eventualmente comparada, que busca desvendar a origem e o sentido dos mitos presentes nas tradições antigas. A História, que busca saber, segundo uma conhecida fórmula, "o que realmente aconteceu", surge como a soma de todas essas disciplinas. Os tempos mais antigos da Urbe devem, portanto, ser estudados segundo um procedimento pluridisciplinar: exigência difícil, porém fascinante, que faz da pesquisa sobre as origens de Roma uma verdadeira escola de método.

Essas diferentes abordagens são conduzidas com base em dois principais tipos de fontes: por um lado, os textos literários, de outro, os dados arqueológicos. Trata-se sempre, efetivamente, no estudo das origens de Roma, de comparar uns e outros – nem que seja finalmente para recusar o princípio de qualquer aproximação. É por isso que se encontrará aqui uma exposição da tradição literária, primeiramente, e, em seguida, das descobertas arqueológicas feitas no Lácio e em Roma. A análise comparativa com base nesses dados converge para conclusões – ou no mínimo hipóteses – de ordem histórica.

Hoje, as origens de Roma são escrutinadas com uma intensidade sem precedentes

AS ORIGENS DE ROMA

desde a Antiguidade: o grande trabalho científico levado a termo no último quarto de século permite evidenciar conhecimentos indiscutíveis e perspectivas de reflexão e de investigação. Nós o faremos sem omitir tampouco as dificuldades que subsistem e os debates em curso, pois não se trata de pintar o quadro de um saber estático em suas certezas, mas o movimento mesmo e o questionamento renovado incessantemente de uma pesquisa que nunca mereceu tanto esse nome.

1
A LENDA

Por tradição literária entende-se aquilo que é transmitido pelos textos antigos; por lenda, um relato em que o fantástico ocupa um lugar importante. Englobando numerosos milagres e intervenções divinas, o relato clássico sobre as origens de Roma é uma lenda, apresentada em textos dos quais os mais conhecidos e elaborados são a *Eneida* do poeta Virgílio, que narra a chegada do herói troiano Eneias ao Lácio; as *Vidas* consagradas a Rômulo e a Numa pelo biógrafo Plutarco; e principalmente a *História de Roma* de Tito Lívio e as *Antiguidades romanas* de Dionísio de Halicarnasso (daqui em diante designado apenas Dionísio), obras antigas mais desenvolvidas sobre o assunto. Como toda pesquisa sobre os primórdios da Urbe supõe sempre um bom conhecimento do que os próprios antigos narravam, vamos agora resumir o conteúdo dessas obras, indicando as principais variantes que se podem descobrir entre elas.

Era uma vez, portanto, um príncipe troiano, Eneias, filho da deusa Vênus e do mortal Anquises, que, após escapar ao saque de Troia pelos gregos, partiu mundo afora em busca de um novo reino: seu périplo o conduziu primeiro à Grécia, depois ao sul da Itália, em seguida à Sicília e, finalmente ao Lácio, terra por onde já haviam passado bem antes dele os gregos Hércules e Evandro[1] (que chegou a fundar no Palatino uma cidade chamada Palanteu). Desembarcando na terra dos Laurentes, os troianos foram acolhidos por diversos milagres destinados a revelar-lhes que suas errâncias chegavam ao fim. Eneias aliou-se então a Latino, o rei dos nativos, desposando sua filha, Lavínia,

---

[1] Filho de Hermes e Carmenta, Evandro levou os deuses e o alfabeto grego para a Itália. É o inventor mítico do alfabeto latino. (N.T.)

As origens de Roma

e depois fundou Lavínio – que, entretanto, para Catão e Virgílio já era a cidade de Latino. De Troia, ele traz os penates, deuses protetores. No entanto, o pretendente de Lavínia, chamado Turno por Catão, Virgílio e Tito Lívio, e de Tirreno por Dionísio, chefe dos rútulos e rei da cidade de Árdea, empreende uma guerra contra Latino e Eneias, com a ajuda do etrusco Mezêncio, que Dionísio qualifica de "rei dos Tirrenos" e a quem Tito Lívio e Virgílio consideram o chefe da cidade de Caere (atual Cerveteri). Desaparecido nos combates que se seguiram, Eneias será em seguida honrado como deus.

Trinta anos após a fundação de Lavínio, Ascânio funda Alba Longa. A ele sucede Sílvio, que dará nome a uma dinastia de reis albanos, cujos reinados ocuparão todo o período entre o fim de Troia e o nascimento de Roma, situados pelos antigos em datas que correspondem a 1184 e 753 a.C., ou seja, um pouco mais de 430 anos. Assim, uma dúzia de gerações mais tarde, chega o momento da fundação de Roma, que constituirá o segundo ato do relato das origens.

Alba é então dirigida pelo perverso Amúlio, que, para certificar-se de que seu irmão Numitor, a quem afastara do trono, não tivesse descendência, obrigou a filha deste, (Rhea) Silvia, a tornar-se vestal, isto é, sacerdotisa do fogo sagrado. Entretanto, ela é violada pelo deus Marte e dá à luz os gêmeos Remo e Rômulo. Amúlio ordena que sejam afogados no Tibre, mas o berço onde estavam parou ao pé do Palatino. Lá eles são encontrados por um pastor, Fáustulo, que vê uma loba amamentá-los. Criados pelo pastor e por sua mulher, Larência, os gêmeos, crescidos, distinguem-se por sua força e seu valor e, ao saber finalmente por Numitor o segredo de seu nascimento, matam Amúlio e reconduzem o avô ao trono albano. Eles próprios partem pouco depois para fundar outra cidade no local onde foram recolhidos por Fáustulo, mas a discórdia se instala entre os dois irmãos, que decidem consultar os auspícios, isto é, observar os pássaros para saber dos deuses quem deve fundar a nova cidade e qual deve ser seu nome. Remo ganha em rapidez – é o primeiro a ver seis abutres – e Rômulo, em quantidade, com doze aves de rapina percebidas. A ruptura entre os irmãos é inevitável, e a violência marcará de modo indelével o nascimento da Urbe: Remo morre em combate no qual também perece Fáustulo ou, conforme versão mais

As origens de Roma

conhecida, assassinado por Rômulo após ter transposto, por derrisão, a muralha que o irmão erguia no Palatino.

A fundação de Roma, uma cidade designada conforme o nome de Rômulo, pode agora acontecer, e é o quadro imortal de Rômulo conduzindo um arado e traçando um sulco em volta da colina que marcará dali por diante o limite sagrado da cidade, dita *Roma quadrata* ("Roma quadrada"): o *pomerium*. Ao longo de sua história, a festa das *Parilia* (ou *Palilia*), todo 21 de abril, será considerada pelos romanos a data de aniversário desse rito inicial.

A terceira parte da tradição das origens romanas ou, se preferirmos, o terceiro ato, é tomada pela narrativa das altas façanhas dos sete reis que segundo ela governaram Roma até a instituição da República consular, quase dois séculos e meio depois. O nome e o número desses reis são estritamente semelhantes em todos os textos antigos, que apresentam pouquíssima diferença sobre a cronologia (aqui atualizada) de seus respectivos reinados: Rômulo (753-716 a.C.), Numa Pompílio (715-673 a.C.), Tulo Hostílio (672-641), Anco Márcio (640-617 a.C.), Tarquínio, o Antigo (616-579), Sérvio Túlio (578-535) e Tarquínio, o Soberbo (534-509).

No relato da tradição literária dessa monarquia romana, veem-se repetir, para esses sete reis, referências aos mesmos aspectos fundamentais das ações a eles atribuídas, a saber: a duração de cada reinado; a maneira pela qual o rei teria chegado ao poder; seu papel no crescimento de Roma, as conquistas externas, a criação de instituições; a política religiosa; esses reis são descritos também como personagens de caráter bastante emblemático.

Comecemos por Rômulo, que reina durante 37 anos. Sua principal iniciativa é sem dúvida a fundação de Roma no Palatino. Teria criado igualmente, no Capitólio, um lugar acessível a todos os fugitivos desejosos de aliar-se a ele. Rômulo é também o instigador do rapto das sabinas, destinado a possibilitar descendência aos habitantes da nova povoação. Seguiu-se uma série de conflitos com três cidades, conquistadas uma a uma (Cenina, Crustuméria e Antemnas) e, em seguida, com os sabinos, que, após a traição de Tarpeia,[2] que lhes entregou o

---

[2] Filha de um oficial romano, apaixonou-se pelo chefe sabino Tito Tácio e abriu as portas do Capitólio aos inimigos de Roma. (N.T.)

As origens de Roma

Capitólio, vêm afrontar os romanos na planície entre aquela colina e o Palatino. Após uma luta confusa em que o chefe sabino Mécio Curcio por pouco não se afoga em um pântano, as sabinas tornadas romanas reconciliam os combatentes. Os dois povos se aliam, decidindo unir seus destinos, e Roma torna-se cidade dupla – *geminata urbs*. A Rômulo, que passa a governar com o rei sabino Tito Tácio, logo desaparecido, resta organizar a nova comunidade assim criada, cujos membros são chamados *quiritas*: ele o faz dividindo-a em trinta cúrias e três tribos: Tícios, Ramnes e Luceres. Seu reinado se encerra com algumas guerras vitoriosas – porém defensivas! – contra Caméria (ausente em Tito Lívio), Fidenes e Veios. Sobre a morte de Rômulo, a tradição hesita – e o declara – entre a apoteose e o assassinato, o que, de qualquer modo, não põe em risco sua divinização. No geral, o fundador é apresentado como um rei valoroso, devoto, mas nem por isso desprovido de astúcia. Roma deve-lhe, além de sua criação, várias instituições, como os lictores (guardas armados de machadinhas), o Senado e a divisão da população entre patrícios e plebeus, assim como a clientela, uma relação reconhecida de dependência e de proteção, econômica e social, entre aqueles que o direito romano chama de patrão e seus clientes.[3] A Rômulo atribui-se também a criação de leis, especialmente sobre o casamento, e de cultos: Júpiter Ferétrio, no Capitólio, e Júpiter Stator, na entrada do Palatino. Ele exerce, portanto, o papel de fundador em todos os domínios: militar, religioso e social.

O tempo que se segue à sua morte e precede a chegada de um novo rei é, segundo a tradição, a oportunidade para surgir o procedimento institucional do interregno, que se reencontrará posteriormente na Roma republicana e que consistia na repartição sucessiva do poder supremo a cada senador. Após um ano, e por escolha do Senado, ratificada pelo povo, o sabino Numa Pompílio torna-se rei, não sem ter previamente consultado os deuses do Capitólio com a ajuda de um áugure.

Por ser antes de tudo caracterizado pela devoção exemplar, Numa será um rei pacífico, tanto quanto Rômulo o fora belicoso.

---

[3] Cliente era o plebeu livre, protegido por alguma família patrícia, com quem estabelecia uma relação semelhante à de vassalagem. (N.T.)

As origens de Roma

Reinará por 39 anos, de acordo com Cícero (que concorda com Políbio), ou 43, segundo outras fontes. Um dos pontos em comum a toda a tradição é a objeção, ao que parece já bem anterior aos textos de que dispomos, de uma cronologia que o faça contemporâneo ou mesmo discípulo do filósofo Pitágoras (VI a.C.). Rei devoto, Numa é apresentado por unanimidade como o grande organizador da religião romana: ele estabelece – ou reforma profundamente – o calendário da cidade, fixando em definitivo a distribuição das cerimônias; cria irmandades, como os flâmines, responsáveis pelo culto de uma das principais divindades; as vestais; os feciais, que velam sobre os processos de declaração de guerra; os sálios, guardiães do escudo sagrado, também chamado ancil; e os pontífices, cujo chefe, o Grande Pontífice, terá a partir de então autoridade sobre toda a vida religiosa da cidade. Numa é tido também como instaurador dos cultos de Fides, a deusa da Boa-Fé, de Jano, cujo templo está no Fórum, e de Júpiter Elício, no Aventino. Inspirado pela ninfa Egéria, mostra grande habilidade nas conversas que mantém com Júpiter, permitindo à cidade evitar os sacrifícios humanos. Os autores antigos, à exceção de Tito Lívio, atribuem-lhe também uma atividade legislativa e um papel social importante: na organização do território da cidade, que divide em distritos chamados *pagi*; na delimitação das propriedades e do território de Roma, que coloca sob a proteção do deus Terminus; na promoção da agricultura e, acrescenta Plutarco, na criação de diferentes corporações de ofícios.

Os locais de Roma relacionados a Numa são: a *Regia*, palácio real que ele mandou construir no Fórum; os templos de diversas divindades por ele promovidas; e o Quirinal, que, segundo Dionísio, ele inclui na cidade. Em conformidade com sua imagem de rei pacífico, nenhuma conquista exterior lhe é atribuída.

De origem latina, segundo Dionísio, Tulo Hostílio, que reinará por 32 anos, será novamente um rei guerreiro, que se ocupará sucessivamente de todos os vizinhos de Roma: etruscos, sabinos e latinos. Sua maior façanha é a conquista de Alba Longa: em um primeiro momento, a oposição entre as duas cidades resolve-se pelo confronto entre dois trios de campeões, gêmeos de ambos os lados: os Horácios, por Roma, e os Curiácios, por Alba – Tito Lívio menciona uma tradição

AS ORIGENS DE ROMA

inversa. Ao longo de um combate movimentado, em que terminou sozinho diante de dois adversários, um dos Horácios, após ter fingido que fugia, para separá-los, consegue matar os Curiácios e entra como vencedor em Roma. Recebido aos prantos por sua irmã, que era noiva de um dos Curiácios, ele a mata. Levado a julgamento diante do rei, é finalmente absolvido pelo povo, a quem seu pai apela. A partir daí, Roma e Alba unem suas forças, formando uma só comunidade, dirigida por Tulo e pelo chefe dos albanos, Mécio Fufécio. Porém este, favorável a uma batalha que oporá Roma a Fidenes, tenta trair os romanos. Rivalizando em esperteza com ele, Tulo Hostílio consegue reverter a situação e, em seguida, prende o traidor e o condena ao suplício do esquartejamento. A cidade de Alba é destruída, com exceção dos santuários, e seus habitantes são transportados para Roma, na colina Célio, onde o próprio rei vem morar, enquanto as mais ilustres famílias albanas são integradas ao Senado. Uma última guerra contra os sabinos propicia mais um triunfo a Tulo Hostílio. O fim de seu reinado é marcado por inquietações religiosas que beiram a superstição: o rei morre, fulminado por Júpiter, segundo alguns, vítima, segundo outros, de um incêndio em sua casa, provocado por um complô. No geral, é em torno do conflito com Alba que se organizam os principais elementos do relato sobre esse terceiro rei de Roma, por meio da menção a locais da cidade como a Cúria que leva seu nome e onde se reunirá o Senado, ou como o local chamado "Viga da Irmã" (*Tigillum Sororium*), sob a qual Horácio teria sido obrigado a passar para expiar o assassinato de sua irmã; ou ainda como a "Coluna de Horácio" (*Pila Horatia*), situada no Fórum e na qual ele teria suspendido as armas dos Curiácios mortos. Também por ocasião da guerra albana teriam sido estabelecidos, pelos feciais, os ritos da declaração de guerra. Instituições como o processo por crime de Estado (*perduellio*) e a apelação ao povo (*provocatio ad populum*), tradições religiosas como o milagre de uma chuva de pedras sobre o monte Albano, ligam-se igualmente a esse quadro.

Neto de Numa pelo lado materno, Anco Márcio chega ao poder com o acordo conjunto do povo e do Senado (para Tito Lívio, a prioridade é do povo, para Dionísio, é do Senado), e a duração atribuída a seu reinado é de 24 anos (para Cícero, 23). Anco será um

As origens de Roma

rei meio devoto e meio belicoso, voltado à paz, mas forçado à guerra pela agressividade dos inimigos de Roma: latinos, sabinos, etruscos de Veios e mesmo (para Dionísio) volscos. A tomada de Politótio, Ficana, Telene, Medúlia e, segundo Dionísio, de Fidenes leva o rei a instalar os habitantes da maior parte daquelas cidades em Roma – no Aventino, que é anexado à cidade – e também, acrescenta Cícero, no Célio. No entanto, a grande ação do reinado é a fundação de Óstia, na foz do Tibre, seguida pela criação – de acordo com Tito Lívio – ou a tomada de controle – segundo Dionísio – das salinas ali situadas e reivindicadas por Veios. A própria cidade de Roma, onde reside o rei, na Via Sacra, é transformada pela construção de uma ponte de madeira, chamada *Sublicius*, cuja manutenção estaria doravante a cargo dos pontífices, como seu nome indica. A colina de Janículo, assim como a cidade, é provida de uma muralha, e a primeira prisão é construída perto do Fórum. No plano sacro, a divulgação das regras fixadas por Numa e, sobretudo, a instituição de um ritual para as declarações de guerra, reservado aos sacerdotes feciais, são testemunho das preocupações religiosas do rei, a quem certas fontes eruditas atribuem a instauração dos cultos de Fortuna e de Vênus.

Desde o reinado de Anco, aquele que se tornará seu sucessor tem um papel notório: Tarquínio, estrangeiro que chegou a Roma com a família e toda uma comitiva, acompanhado por presságios favoráveis, que Tito Lívio detalha, vê-se logo confiado pelo rei de importantes responsabilidades, principalmente militares. É por esse motivo que, com a morte de Anco, cujos dois filhos são muito jovens, ele solicita o sufrágio do povo e obtém o poder supremo.

A tradição atribui ao quinto rei de Roma, Tarquínio, o Antigo, um reinado de 37 ou 38 anos. Ela insiste, para começar, sobre sua origem estrangeira: imigrante, filho de imigrante, é etrusco pelo lado materno e grego pelo do pai, que era membro de uma das famílias dirigentes de Corinto. Este, chamado Demarate, rico comerciante, que negociava com os etruscos, tinha-se estabelecido em Tarquínia quando da expulsão da família de sua cidade natal, em seguida a uma revolução (em torno de 657 a.C.). Tendo vindo a Roma e conseguido o trono, seu filho Tarquínio, que muda então o

As origens de Roma

nome etrusco, Lucumon, para Lucius, irá se mostrar um soberano ambicioso. Ele conduz uma política muito ativa de conquistas contra os vizinhos de Roma, latinos, sabinos e etruscos. Aos primeiros, toma as cidades de Apiolae, de Colácia (confiada a seu sobrinho Egério), e também de Curnículo, Ficúlea, Caméria, Custrumério, Ameríola, Medúlia e Nomentium. Aos sabinos, que, assim como os etruscos, segundo Dionísio, se aliaram com os latinos da liga do santuário de Ferentina (o que não é mencionado por Tito Lívio), o rei romano, empregando às vezes de astúcia, inflige igualmente derrotas arrasadoras, particularmente durante uma batalha em que seus soldados incendeiam uma ponte fortificada sobre o rio Anio. Ao final dessa guerra e da queda da cidade de Colácia, Tito Lívio descreve a fórmula ritual pela qual um povo inimigo se rendia ao povo romano. De acordo com Dionísio, os etruscos também se inclinam diante da superioridade romana: ao passo que Tito Lívio cala-se, o historiador grego mostra-nos o exército de Tarquínio apoderando-se de Fidenes e arrasando os territórios de Veios e Caere.

A política interna de Tarquínio não é menos ativa e, em seu reinado, a tradição relaciona a lembrança de uma profunda transformação de Roma, ainda que, como se deve ressaltar, não se trate mais de uma política de expansão: o rei favorece a urbanização do Fórum, manda refazer em belo aparelho as muralhas da cidade e todo um sistema de canais para escoamento das águas é instalado; no vale entre o Palatino e o Aventino é construído um imenso estádio chamado Circo Máximo, provido de tribunas para os espectadores dos novos Grandes Jogos, também chamados Jogos Romanos, que serão celebrados em setembro. Finalmente, com a intenção de construir um grande templo de Júpiter, o rei consolida e equipa a colina do Capitólio, não sem antes, diz Dionísio, tê-la previamente liberado, conforme os ritos, das velhas divindades que a ocupavam: duas entre elas – Terminus (O Limite) e Iuventas (A Juventude) – manifestam sua vontade de permanecer, sinal da prosperidade futura de Roma.

Desse ponto de vista religioso, o reinado de Tarquínio é marcado, mais que pelo aumento do número de vestais, pelo conflito entre o rei e o áugure Ato Navio, que se arvora defensor dos antigos costumes. O sacerdote realiza no Comitium, em pleno

AS ORIGENS DE ROMA

Fórum, um duplo milagre que consistia primeiramente em adivinhar e em seguida realizar algo que o rei estimava impossível: cortar uma pedra com uma navalha. Tarquínio renuncia então à reforma que projetava, a qual supostamente daria aos novos contingentes de cavalaria nomes outros que os das antigas tribos de Roma. Os autores antigos relacionam esse episódio à presença de uma estátua do adivinho e de um poço ritual situados, à época, no Fórum.

Além desse aumento da cavalaria, as principais medidas atribuídas a Tarquínio pela tradição são a adoção, segundo Dionísio, das insígnias etruscas do poder, notadamente os feixes – que outras fontes relacionam a Rômulo – e, principalmente, o aumento dos efetivos do Senado, graças à nomeação de cem novos representantes vindos, segundo Dionísio, da plebe e, segundo Tito Lívio, das famílias ditas de segundo escalão (*minores gentes*).

Um complô dos filhos de Anco põe fim ao reinado, com o assassinato de Tarquínio por dois falsos pastores trazidos a ele por causa de uma querela simulada. Durante vários dias, a rainha Tanaquil dissimula sua morte, não hesitando mesmo em se dirigir ao povo da janela de seu palácio, de modo a permitir que Sérvio Túlio assuma o poder. O novo rei de Roma, efetivamente, já é o seu filho. Sua mãe, que se chamava Ocrésia, segundo Dionísio, prisioneira quando da tomada de Curnículo, tinha sido levada como escrava para servir à rainha, o que explica o nome do novo rei (Sérvio, de *servus*, que significa "escravo"). Sinal de seu destino real, uma auréola teria um dia sido vista em volta da cabeça da criança; outra lenda, mais crua, é contada por Dionísio, que relaciona seu nascimento à aparição de um falo surgido do forno do palácio e ao qual se teria unido Ocrésia. Encontra-se, aliás, a mesma versão a respeito de Rômulo no relato que Plutarco, na *Vida* consagrada ao rei fundador, legou sob o nome de Promácio. Somente após chegar ao poder, Sérvio recebe o assentimento do povo, sem obter, insiste Dionísio, o do Senado. A política externa do sexto rei de Roma opõe-no aos etruscos, notadamente os de Veios e, acrescenta Dionísio, aos de Caere e de Tarquínia. Segundo o imperador Cláudio, Sérvio Túlio teria sido etrusco: ele se chamaria Mastarna e teria chegado ao poder com a ajuda de um companheiro chamado Caele Vibena. Entretanto é sobretudo na política interna que ele se mostra ativo: Roma é expandida com a anexação do Virminal e de outra colina – Quirinal, para Tito Lívio; Esquilino, para Dionísio –, onde o rei vai residir. Uma muralha dotada de um fosso é construída em torno da cidade, cujo território é dividido em quatro tribos, em substituição às três de Rômulo, que serão chamadas Palatina, Suburana, Colina e Esquilina. O pertencimento às novas tribos irá se fazer, doravante, não mais segundo o nascimento, como no sistema romuleano,[4] mas segundo o local de residência. De acordo com Dionísio, outras tribos, chamadas rústicas, são também previstas para a população não residente na cidade (essa medida não é citada por Cícero nem por Tito Lívio). De qualquer modo, a organização da sociedade romana é profundamente modificada pelo rei, que teria redigido *Comentários* sobre suas reformas. Segundo um sistema destinado a valer tão bem para o plano civil e eleitoral como para as necessidades militares, todos os romanos são divididos, conforme sua

---

[4] Embora não conste do vocabulário em língua portuguesa, optamos por manter o neologismo, respeitando-se o original. (N.T.)

fortuna, em cinco classes, compreendendo cada uma certo número de unidades, as centúrias, que não têm a mesma quantidade de membros. Os cidadãos mais ricos, cujos bens valem 100 mil ases[5] ou mais, pertencem à primeira classe, que compreende 80 centúrias, as menos populosas; o limite do patrimônio para a segunda classe é de 75 mil ases; para a terceira classe é de 50 mil ases; de 25 mil para a quarta, de 11 mil (segundo Tito Lívio) ou 12 mil (segundo Dionísio) para a quinta. O número de centúrias é de vinte da segunda à quarta classe, e de trinta para a quinta. Adicionam-se à primeira classe 18 centúrias para a cavalaria, das quais seis resultantes, segundo Tito Lívio, da duplicação das três centúrias romúleas – medida que Dionísio atribuía de preferência a Tarquínio, o Antigo –, assim como duas centúrias (apenas uma, segundo Cícero) para o que hoje se chamaria de engenharia militar (carpinteiros e especialistas de bronze), enquanto os instrumentistas são agrupados em duas centúrias adjuntas à quinta classe. Finalmente, uma classe que

---

[5] Ás ou asse: unidade monetária romana até o reinado de Antonino Pio (86-161). (N.T.)

As origens de Roma

se reduz a uma centúria reúne todos aqueles que têm como únicos bens os filhos (*proles*), os proletários. No total, as centúrias são em número de 193: ora, durante as reuniões de caráter eleitoral de todas as centúrias, a que se chamavam comícios centuriais, cada uma, independentemente de sua composição, tem direito a um único voto. Portanto, o "acordo" das centúrias da primeira classe e daquelas dos cavaleiros – ou seja, nos dois casos, dos cidadãos mais ricos – basta para que obtenham a maioria. Os textos insistem, entretanto, na atenção do monarca às reivindicações do povo, notadamente no que concerne à distribuição de terras conquistadas. Tal organização social tornou-se possível pela avaliação exata e regular das fortunas, o que faz da monarquia sérvia um regime censitário, tendo ainda a tradição atribuído ao rei a criação da primeira moeda. Um recenseamento dos cidadãos, que ocorreu no campo de Marte e se encerrou com um sacrifício purificador, permitiu a Sérvio Túlio saber exatamente qual era a população de Roma: 80 mil homens mobilizáveis, segundo Tito Lívio (apud Fábio Pictor), 84.700 cidadãos, inclusive os escravos alforriados aos quais o rei dirige uma atenção particular (segundo Dionísio).

Essa importante política de reformas reflete-se nas iniciativas religiosas do rei; cultos marcam a nova divisão do espaço: cerimônias chamadas *Compitalia* nos cruzamentos e *Paganalia* nos *pagi*, que são os distritos territoriais. Os limites de Roma são marcados pelas novas muralhas, mas também pelo *pomerium*, criado por Rômulo e aumentado por Sérvio nas novas dimensões da cidade. Dois templos, dos quais um consagrado à deusa Fortuna, perto do Fórum Boarium, evidenciam a devoção do escravo tornado rei, enquanto um grande santuário, no Aventino, reúne no culto de Diana romanos e latinos, cujas relações são fixadas em um tratado gravado sobre uma estela, que Dionísio de Halicarnasso afirma ter visto.

O reinado, que durou 44 anos, termina mal: o rei casou suas duas filhas com dois descendentes de Tarquínio, o Antigo, de quem seriam, segundo Dionísio (apud o analista Pisão), provavelmente netos e não filhos. Túlia, a filha mais ambiciosa, persuade o cunhado a matar a mulher e, casando-se com ele, impele-o a tomar o poder – o que ele fará, atacando Sérvio em pleno Senado e, por fim, mandando matá-lo. Voltando do

As origens de Roma

Fórum, aonde fora aclamar o marido como rei, Túlia não hesita em passar com sua carruagem sobre o corpo do pai, morto no momento em que, dizem os textos, vislumbrava estabelecer a democracia...

Mais uma vez, um Tarquínio sobe ao trono; ali ficará por 25 anos e será o último rei de Roma. Se o fracasso final de seu reinado pode ser prefigurado pelo crime que lhe permitiu chegar ao poder, sua ação é enérgica e ele tem sucesso durante muito tempo. No âmbito exterior, impõe a dominação de Roma sobre os latinos, reivindicando a herança de Alba: depois de neutralizar, com ousadia, a oposição de Turno Herdônio – originário de Arícia (de acordo com Tito Lívio) ou de Coríolos (segundo Dionísio) –, Tarquínio assume o controle da liga do santuário de Ferentina, e o chefe latino é afogado na fonte sagrada. O tratado entre Roma e os latinos é então renovado e (segundo Dionísio) novamente gravado sobre uma estela, enquanto o exército é reorganizado com base no amálgama entre elementos latinos e romanos. O rei de Roma instala seus parentes no comando de várias cidades latinas: Lúcio Tarquínio em Colácia; sua filha, que ele casa com Otávio Mamílio, chefe de Túsculo. Depois de sitiar em vão a cidade de Gábios, ele envia seu filho Sexto para conquistar, de forma ludibriosa, a confiança dos habitantes. Em seguida, ao compreender o sentido da conduta enigmática de seu pai diante de um mensageiro, toma o poder pela força e abre a cidade aos romanos. Estes concluem com Gábios um tratado (não mencionado por Tito Lívio) cujo texto teria sido, de acordo com Dionísio, inscrito em um escudo (sobre o qual também fala Cícero) e conservado em um templo. Roma consolida sua posição diante de outros povos: segundo Tito Lívio, a paz é assinada com os équos e os etruscos, e com os hérnicos, de acordo com Dionísio, que também alude ao rei vencendo os sabinos em Ereto e em Fidenes. A tomada da cidade de Suessa Pomécia aos volscos assegura a Roma um enorme butim de quarenta talentos, cifra já referida por Fábio Pictor. A fundação das colônias de Sígnia e de Circeia consagra a extensão do poder romano.

No plano interno, o rei revê as medidas de seu antecessor, abolindo suas leis e o sistema centurial. Ele merecerá a alcunha de Soberbo por tratar duramente o Senado e por fazer a plebe trabalhar, com uma política

As origens de Roma

de grandes obras que dão continuidade à obra do primeiro Tarquínio: assim, o Grande Circo é provido de arquibancadas; numerosos esgotos são cavados; a construção do templo de Júpiter no Capitólio é levada a termo graças ao butim de Suessa Pomécia e à ajuda de artesãos vindos da Etrúria, um dos quais, chamado Vulca, orna o frontão do edifício com uma quadriga em terracota.

Tito Lívio situa nessa ocasião o milagre do deus Terminus, que se recusa a deixar a colina (prodígio que Dionísio relacionara ao reinado de Tarquínio, o Antigo). Nas fundações do novo santuário é encontrada uma cabeça de homem, significando que o Capitólio será a cabeça (*caput*) do mundo (segundo Tito Lívio) ou da Itália (segundo Dionísio); de acordo com Fábio Pictor, essa cabeça teria sido a de um certo Aulo Vulcentano, ali enterrado. As outras grandes medidas religiosas do rei, não mencionadas por Tito Lívio, são a fundação das festas latinas no monte Albano e a compra dos livros sibilinos[6] de uma mulher estrangeira.

---

[6] De acordo com a lenda, esses livros continham profecias oraculares sobre Roma e a mulher seria a Sibila de Cumes. (N.T.)

Em compensação, Dionísio nada menciona sobre um prodígio (uma serpente saindo de uma coluna) que teria levado Tarquínio a enviar a Delfos seus dois filhos, escoltados pelo primo Iunius Bruto, que, por ser filho de um homem condenado à morte pelo rei, fingia, por prudência, ser simples de espírito.

Com esse personagem anuncia-se o fim da monarquia: o rei tornou-se tirano, e seu filho, Sexto, vai desencadear a revolução ao se tornar responsável pela violação seguida do suicídio de Lucrécia (filha de Tarquínio Colatino). Ocupado em sitiar Árdea, Tarquínio vê Roma fechar-lhe as portas. Bruto, deixando de simular, institui um novo regime: dois magistrados eleitos por um ano – sendo os dois primeiros ele próprio e Colatino – dirigirão os romanos, que fazem o juramento de nunca mais ter reis. Tarquínio reclama seus bens, que estão para lhe ser restituídos, quando um complô monarquista é descoberto. Os filhos de Bruto estão entre os conjurados, que são todos executados sob ordem do cônsul, seu pai. Instado por Bruto a se exilar – por causa do parentesco com Tarquínio –, Colatino retira-se em Lavínio. O Senado amplia-se para trezentos membros com a adjunção de

AS ORIGENS DE ROMA

novos participantes – que Dionísio descreve como plebeus e Tito Lívio, como cavalheiros de elite, designados como "conscritos". Distribuem-se os bens do rei ao povo; jogado no Tibre, o trigo colhido no campo de Marte, antigo domínio real, dá origem à ilha Tiberina. Veios e Tarquínios concedem seu apoio ao compatriota, e, em uma batalha contra os romanos, Bruto e um filho do rei matam-se em duelo, ao mesmo tempo em que uma voz divina faz-se ouvir dizendo que a vitória pertence aos romanos. Em Roma, o cônsul Valério tornara-se o homem forte do novo regime. Preocupado em agradar o povo – que lhe dará a alcunha de Publícola –, ele muda sua residência do alto para o baixo da Vélia. O templo de Júpiter no Capitólio, finalmente concluído, é inaugurado.

O etrusco Porsena, rei de Clúsio e aliado de Tarquínio, sitia Roma. Entretanto a cidade, como indica Dionísio, suporta o cerco abastecida com o trigo comprado aos volscos e em Cumes. Horácio Cocles[7] consegue impedir que os etruscos atravessem a ponte Sublicius; o jovem Múcio, vindo ao campo

---

[7] Herói que tinha apenas um olho (lat. *cocles*) e descendia dos três irmãos Horácios.

etrusco para matar Porsena, apunhala por engano seu secretário. Ele queima voluntariamente a mão direita sobre um braseiro diante do rei – tornando-se assim Cévola, o Canhoto. A romana Clélia, jovem refém, escapa dos etruscos, atravessando o Tibre com seus companheiros. Tais atos de heroísmo – recompensados pelo doação de terras a Caio Múcio e pela entronização de uma estátua equestre de Clélia na Via Sacra – persuadem o rei etrusco a oferecer a paz a Roma.

Ele envia então seu filho para atacar Arícia, mas o exército etrusco é vencido pelos latinos ajudados por Cumes. Porsena renuncia solenemente a restaurar os Tarquínios em Roma, que, nunca mais, será governada por reis.

2
A TRADIÇÃO LITERÁRIA:
FORMAÇÃO E INTERPRETAÇÕES

As grandes obras literárias que acabamos de resumir foram escritas vários séculos após a época que pretendiam descrever. Para saber se o que é narrado pode ou não corresponder a uma realidade histórica é prioritário questionar-se sobre a formação da tradição que resultou em tais obras: quais eram suas fontes e até onde se pode voltar no tempo? Chega-se então a conclusões iniciais que valem como questões para o debate atual sobre as origens de Roma. Retraçar seu nascimento e depois os desdobramentos desse debate à época moderna vai nos permitir captar melhor o que está em jogo nas pesquisas em curso.

A lenda das origens de Roma tem seu surgimento literário, no mundo grego (século V a.C.), depois em Roma em fins do século III a.C., antes de fornecer o assunto das obras que resumimos anteriormente e que garantirão sua presença na cultura ocidental. A bem da verdade, antes mesmo do século V a.C., encontra-se em Hesíodo (que viveu no século VIII a.C.), em uma passagem – talvez apócrifa, mas antiga (VII a.C.) – de seu poema *A teogonia* uma alusão (cerca de 1011 a 1016) a dois reis, Ágrio e Latino, apresentados como filhos de Ulisses e que teriam reinado sobre "toda a terra dos ilustres tirrenianos". Isso parece indicar que os gregos já estariam em contato com os povos da planície do Tibre, sem no entanto distinguir entre latinos e tirrenos (etruscos).

Nos séculos V e IV a.C., os gregos começam a se interessar mais de perto pelo passado remoto de Roma, sinal de que a cidade ocupa dali em diante lugar importante no Mediterrâneo ocidental. Diversos autores, dos quais restam apenas fragmentos na forma de citações ou menções, especialmente por Dionísio e Plutarco, atribuem em maior

AS ORIGENS DE ROMA

ou menor grau uma origem troiana a Roma, com a cidade sendo fundada por Eneias (segundo versão cujo eco se encontrará em Salústio, *Catilina*, 6), por seus companheiros ou por seus descendentes diretos. No século V a.C., um certo Helânicos fazia de Eneias – e talvez também de Ulisses – o fundador de Roma, enquanto, no século seguinte, um grego da Sicília, chamado Alcimos, confiava esse papel a Romos, filho de Rômolo e neto de Eneias. Escrito talvez na mesma época, a *Crônica de Cumes*, texto grego anônimo, cuja essência foi conservada por Dionísio (*Antiguidade r.*, VII, 3-11), oferece uma visão do fim da monarquia de Roma que corrobora a dos historiadores romanos posteriores.

Por volta do início de III a.C., Roma também está presente em uma obra que Timeu, outro historiador grego da Sicília, consagrava às cidades do Ocidente; com base nas informações cuja origem local sublinha, ele considerava Eneias o fundador de Lavínio, tradição que se encontra pouco depois no poema-enigma composto por Licofron, poeta grego instalado em Alexandria. É evidente que Roma, vitoriosa (em 275 a.C.) sobre o rei Pirro, que se julgava um novo Aquiles, passa, a partir daí, a atrair o interesse do mundo grego.

Mas o primeiro autor sobre o qual se tem certeza de haver consagrado às origens de Roma um relato detalhado é o aristocrata romano Quintos Fábio Pictor. No momento em que Roma reúne suas forças contra Aníbal, ele publica, sem dúvida em data que se pode situar entre 216 e 209 a.C., os *Anais*, que marcam o nascimento do gênero histórico em Roma. O título revela o ritmo cronológico adotado em princípio pelo relato e, segundo o costume romano, indica que o período narrado situa-se em um passado distante. A obra vai fixar o que se pode chamar a vulgata das origens de Roma, isto é, a versão que se encontrará posteriormente, ainda que com variantes, em qualquer relato sobre o nascimento e os inícios da cidade às margens do Tibre: a partir de Fábio Pictor, o fundador de Roma é e permanecerá Rômulo.

O gênero literário assim criado terá grande posteridade, e numerosas serão na sequência as obras publicadas em Roma de mesmo título e assunto, tanto que os modernos, para evocar essa literatura e seus autores, falam de "analística" e de "analistas". A poesia não fica atrás: nos mesmos anos 200 a.C., o poeta Ênio publica em latim uma epopeia intitulada *Anais*, que se inicia pelo relato da fundação de Roma. Quanto aos historiadores romanos, escrevem em grego até meados do século II a.C., depois passam ao latim. Será encontrada, portanto, menção à lenda das origens de Roma no que nos ficou de analistas, como Cinício Alimento, Acílio, Cássio Hémine, Calpúrnio Piso, Célio Antipater, Valério Ancias e tantos outros. No que concerne ao inspirador, Fábio Pictor, sua obra responde às solicitações da historiografia grega anterior, mas também às circunstâncias em que nasce. É significativo, efetivamente, que a história, como gênero literário, tenha surgido em Roma justamente ao fim de III a.C., no momento de uma "grande guerra" contra um adversário abominado – Cartago –, e que ela tenha começado por se voltar ao passado mais longínquo: tal como se reproduziu com frequência em contextos bem diversos, a afirmação do sentimento de identidade manifestava-se na busca das origens. Remontando aos tempos míticos e detendo-se longamente no início de Roma, os analistas chegavam à época que lhes era contemporânea, isto é, a segunda guerra púnica e os tempos que lhe seguiram: assim adotavam um recorte cronológico que subsistiu em tantas histórias romanas modernas, que vão das origens da cidade até a derrota de Aníbal...

Um pouco mais tarde, a conquista definitiva do mundo grego por Roma iria provocar o mesmo reflexo identitário, e é assim que Catão, o Antigo – célebre instigador da destruição de Cartago –, publicou, dessa vez em latim, na primeira metade do século II a.C., uma obra significativamente intitulada *Origens*, em sete volumes, cujo primeiro tratava do passado mítico e monárquico de Roma, ao qual associava, nos seguintes, o de outras cidades da Itália. A exaltação das virtudes ancestrais estaria dali por diante acoplada a uma consciência itálica afirmada em face do heleno estrangeiro.

O início do Império é outro grande momento de expansão da lenda das origens de Roma, o que não surpreende, posto que o regime de principado é, na verdade, uma monarquia não declarada: Augusto, que vislumbrara retomar o nome de Rômulo, aspira a ser um novo fundador de Roma, e o passado monárquico da cidade transforma-se em prefiguração e justificativa implícitas para a nova ordem das coisas.

Como seu predecessor Ênio, arvorando-se em Homero latino, cujo legado assume,

AS ORIGENS DE ROMA

o poeta Virgílio escreve então uma epopeia centrada no personagem de Eneias, que é a um tempo uma nova *Odisseia* e uma nova *Ilíada* em sua segunda parte: a ação se passa no antigo Lácio, bem antes do surgimento de Roma, que, no entanto, tudo anuncia e está mais que presente.

À mesma época, dois historiadores empreendem a narrativa, um em latim, outro em grego, dos inícios da urbe romana. O paduano Tito Lívio consagra à fundação e à época monárquica apenas um dos 145 livros de sua monumental *História da cidade desde sua fundação*, o que traduz sem dúvida certo ceticismo ante as demasiado numerosas fábulas de que a tradição sobre os inícios de Roma se ornamenta; mas esse livro é o primeiro e serve de pórtico ao monumento inteiro. Dionísio de Halicarnasso é bem menos conciso, pois, para abordar o mesmo período, ser-lhe-ão necessários nada menos que quatro livros de sua *Arqueologia romana*, habitualmente designada sob o título de *Antiguidades romanas*. Apreciada pelos humanistas e depois depreciada pelos eruditos do século XIX, que a julgarão pouco científica, essa prolixidade, gerada pela preocupação em bem se documentar, faz hoje de Dionísio um autor importante para o estudo das origens de Roma. Inspira--o um projeto global: intelectual grego que escolheu viver naquela cidade então capital de um império mundial, ele deseja demonstrar, mais para seus compatriotas que para seus anfitriões, que os romanos, por parte de Eneias, são gregos. Tal tomada de posição irá levá-lo, como sublinha D. Musti, a minimizar claramente a contribuição etrusca para a Roma arcaica.

Com essas três grandes obras encontra-se fixada a versão que de agora em diante se pode chamar canônica da lenda das origens de Roma. No início do segundo século de nossa era, Plutarco, notável grego ligado à unidade da civilização greco-romana, que é a do Império, escreve a biografia de Numa, a quem compara a Licurgo, o autor da constituição espartana, e depois a de Rômulo, equiparado a Teseu, o mítico fundador de Atenas. Tito Lívio e Dionísio servem-lhe de fontes, mas também autores mais antigos e muito mais raros, que hoje conhecemos apenas por ele, como Dioclécio de Peparetos, a quem considera inspirador de Fábio Pictor, ou Promácio, cujas datações pela crítica moderna oscilam de V a I a.C.

A safra final da tradição literária sobre as origens romanas será produzida alguns séculos mais tarde, e fora de Roma: em Constantinopla – em um império reduzido, mas que ainda se declara romano – compiladores ávidos, que trabalham frequentemente sob ordens dos imperadores, narram pela última vez o nascimento de uma cidade agora moribunda, mas de que a nova Roma às margens do Bósforo declara-se herdeira: é assim que o relato das origens encontra-se desenvolvido por autores de crônicas de visão universalista como Malalas (V d.C.) e Zonaras (século XI), enquanto eruditos como Etienne de Bizâncio e Jean, o Lídio (século VI), Fócio (século IX) ou Tzetzes (século XII) coletam informações tomadas de textos anteriores, hoje perdidos.

Assim elaborada ao longo de vários séculos, e em meios muito diversos, a tradição literária sobre as origens de Roma caracteriza-se por uma grande riqueza. Para além da variedade de textos, irá se distinguir entre o que é do relato histórico (ou apresentado como tal), gênero essencialmente literário segundo os antigos, e o que pertence à erudição, que, segundo suas concepções, não teria lugar na escrita da história. Dá-se hoje o nome de antigos a eruditos, cujo melhor representante e o mais produtivo foi, sem contestação, Varrão: autor de mais de quinhentas obras – todas perdidas, exceto duas! –, ele marca o apogeu de um grande movimento de pesquisa e coleta de dados antigos em todos os domínios do direito, da religião, da língua e dos costumes, pelo qual os homens de cultura, assistindo à Roma nas guerras civis e no fim da República, haviam buscado responder às incertezas e confusões de seu tempo, interessando-se prioritariamente pela Roma das origens. A obra gigantesca de Varrão será a base da política religiosa de orientação arcaizante colocada em prática por Augusto, e é dela que os eruditos de épocas tardias – de Aulo Gélio a Macróbio, passando por Solino e Sérvio – retirarão material de seus escritos; encontram-se também traços no enciclopedista Plínio, o Antigo. Entre os sucessores imediatos de Varrão, mencionemos Verrio Flaco, a bem dizer, mais rival que imitador, autor de uma espécie de dicionário (intitulado *Do significado das palavras*) muito útil para o conhecimento da Roma mais antiga, mas que nos é conhecido apenas por um resumo, feito por um certo Festo (sem dúvida no século II d.C.) – resumo, por sua

As origens de Roma

vez, perdido em parte e que será resumido no século VIII por Paulo Diácono.

A erudição antiga, cujo instrumento favorito é a etimologia, conservou dados valiosos que nem sempre se encontram no restante da tradição: nomes de lugares, de deuses, de povos ou cidades (às vezes até classificados em listas), antigas fórmulas rituais ou jurídicas, velhas palavras esquecidas. Três listas, em especial, conservadas por essa corrente antiga, trazem um esclarecimento fundamental à pesquisa sobre as origens de Roma: Plínio, o Antigo, ao descrever o Lácio, é levado (*História natural*, III, 69) a citar os nomes de aproximadamente vinte cidades e trinta povos que, em suas palavras, "desapareceram sem deixar traços"; os povos são os que anualmente ofereciam sacrifícios a Júpiter Lacial no monte Albano.

Em seu tratado *A língua latina*, Varrão menciona (V, 41; VI, 24) a festa do *Septimontium*, que reunia os habitantes das escarpas (*montes*) do sítio de Roma. Encontra-se, aliás, em Festo (Edição Lindsay, p.474) uma lista de oito, e não sete, nomes de colinas, o que dificulta a etimologia proposta por Varrão (*septem montes*). De qualquer modo, é certo que essa lista remete a uma fase bem antiga da história do sítio romano. A mesma conclusão é válida para as capelas dos argeus, de que Varrão (op. cit., V, 45) oferece uma lista parcial e que eram em número de 27. Os poetas e os historiadores certamente não ignoravam esses documentos – para Tito Lívio, os argeus são uma criação de Numa –, mas estimavam que não cabiam em obras literárias e se contentavam em mencioná-los.

Como devemos julgar atualmente o conjunto dessa tradição literária? Por diversos que sejam, os textos antigos sobre as origens de Roma têm em comum o fato de quase todos terem sido escritos bem depois dos períodos que – supõe-se – eles descrevem. Essa distância, provocada pela ausência de fontes escritas contemporâneas aos primeiros tempos da Urbe, constitui o principal obstáculo epistemológico para qualquer pesquisa sobre a Roma inicial. Na época moderna, desde o século XVIII, os especialistas tiveram duas atitudes em relação a esse obstáculo: para uns, a tradição literária antiga é forçosamente errônea e até mesmo falsa; para outros, acima das distorções voluntárias ou involuntárias que ela propaga, essa tradição transmite dados autênticos e antigos, que permitem reconstituir, ao

As origens de Roma

menos em grandes linhas, os inícios de Roma. Hipercríticos opõem-se, dessa forma, a fidelistas, ou, caso se prefiram nomes mais neutros – pois as duas palavras têm ligeira conotação negativa! –, céticos a tradicionalistas. Pode-se ler segundo essa oposição toda a história da pesquisa moderna sobre os *primordia Romana*: da Renascença à era clássica, o questionamento sobre a historicidade dos textos antigos é com frequência uma maneira implícita de contestar a veracidade da Bíblia. No século XVII, o debate assume intensidade particular no contexto da corrente de ideias chamada pirronismo, caracterizada, em todas as áreas, pela posição de dúvida radical e sistemática. No entanto, é com a *Dissertação sobre as incertezas dos cinco primeiros séculos da história romana*, publicada por Louis de Beaufort em 1738, que geralmente se considera iniciada a verdadeira pesquisa sobre as origens de Roma. Na verdade, esse autor pretende mostrar a impossibilidade de se conduzir uma pesquisa histórica digna desse nome sobre a primitiva Roma, por falta de documentos de época. No início do século seguinte, o historiador Barthold Georg Niebuhr tenta, com sua *História romana* (1812), uma inspirada reconstituição, na qual os problemas agrários ocupam grande parte e a hipótese de uma transmissão de informações pelo viés de cânticos de banquetes atenua a ausência de registros escritos. Depois dele, passa-se a ser muito mais sensível ao caráter tardio das fontes literárias, estudadas com excepcional exatidão pelo alemão Albert Schwegler; o italiano Ettore Pais chega mesmo a duvidar da existência de uma monarquia na Roma arcaica! No ano em que é publicada sua *Storia de Roma* [História de Roma] (1899), descobre-se no Fórum uma estela com inscrição do século VI a.C. onde se lê claramente a palavra *rex*... Dali em diante, a arqueologia passa a desempenhar um papel cada vez maior na pesquisa, como exemplifica, desde 1906, a obra de Gaetano De Sanctis. Veremos nos próximos capítulos como as descobertas realizadas no solo romano renovaram profundamente o estudo dos inícios de Roma.

Gostaríamos de evocar sucintamente a teoria de George Dumézil, que provocou debates acalorados em sua época. Durante quase cinquenta anos, as origens de Roma foram um dos principais pontos de interesse desse estudioso, aliás, eminente linguista de competências muito abrangentes, em especial no indo-europeu. Uma das maiores descobertas do século XIX foi, na verdade, a da origem comum de grande número de línguas, entre as quais o grego e o latim. Dumézil amplia a busca de comparação ao domínio do mito. De acordo com ele, a lenda das origens de Roma ilustra uma concepção de mundo ordenada em torno de três "funções", que representam respectivamente os valores de soberania, de força e de prosperidade. É a chamada teoria da tripartição funcional, cujo instrumento de análise é a mitologia comparada. Desse modo, Rômulo e Numa representariam complementarmente o aspecto duplo, guerreiro e normativo, da soberania, enquanto Túlio Hostílio representaria a força e Anco Márcio, a terceira função, dirigida à fecundidade e à prosperidade. Em paralelo, o erudito francês relacionava certos episódios da lenda romana a mitos conhecidos em outros contextos indo-europeus: escandinavo, para o rapto das sabinas ou para os feitos de Horácio Cocles e de Múcio Cévola; irlandês, para o combate entre Horácios e Curiácios.

Os eruditos dos séculos XVIII e XIX tinham considerado que a presença de numerosos mitos na lenda das origens romanas era a melhor prova de seu caráter tardio e factício. Dumézil é seguramente um dos que mais fizeram para mostrar que, ao contrário, os mitos de que ela está repleta são um dos indicadores mais certos de antiguidade e autenticidade. Porém, ao atribuir tudo ao mito, não deixou nada, ou quase nada, à história – para ele, nada mais que mito disfarçado – nos relatos sobre as origens de Roma; é, portanto, inevitável que, na medida em que todo o movimento das pesquisas recentes consegue historicizar, ao menos parcialmente, o que até então era classificado como lenda, a teoria das três funções seja cada vez mais questionada. Todavia, é verdade que essa abordagem e todas as que a precederam – inclusive aquelas comumente designadas pelo termo "hipercríticas" – permitiram a análise em profundidade das características formais da tradição literária antiga. Resumamos as principais, sem entrar aqui no detalhe das demonstrações.

Considera-se hoje que as tradições centradas em Eneias e Rômulo representam duas correntes lendárias em princípio distintas, que se teriam fundido em uma época fixada, no mais tardar, em IV a.C. Destaca-se igualmente a presença de vários paralelos possíveis com tradições gregas: os próprios antigos haviam sugerido comparações desse tipo a respeito de Tarpeia, de Numa e de Tarquínio, o Soberbo, e os modernos evocaram, a propósito da loba amamentando os gêmeos, a corça que teria salvado Télefo, o lendário fundador de Tebas.

Observemos também que a narrativa antiga é baseada na etiologia, isto é, a atribuição da criação de instituições ou fatos sociais a um personagem, nesse caso, a cada um dos reis de Roma.

Outra característica foi revelada: a presença de variantes bastante numerosas. Elas podem referir-se à atribuição de uma instituição ou de uma medida a tal rei ou a outro, quer se trate dos sacerdotes feciais, do povoamento da colina de Célio ou da construção da muralha em torno de Roma. O mesmo ocorre a respeito da identificação de personagens (Aca Larência, ama de leite dos gêmeos, é uma cortesã encontrada por Hércules, segundo a tradição erudita) ou de monumentos como o *Lapis niger*,[8] ou ainda

---

[8] A mais antiga evidência epigráfica latina, datada dos séculos VI-V a.C. e descoberta por G. Boni em 1899, no local onde Rômulo teria sido sepultado. (N.T.)

de episódios como a morte de Remo, de que Rômulo seria isentado por alguns autores. É conhecida a variante segundo a qual a loba do Palatino não era mais que uma prostituta, sentido que também existia em latim na palavra *lupa*!

Outra tendência dessa tradição literária são os anacronismos; foram bem evidenciados pela crítica os que consistem em atribuir a Rômulo uma constituição conforme as regras (para Dionísio), e a Sérvio Túlio uma reforma com base em uma unidade monetária criada bem depois dele. O reinado de Rômulo exerce, aliás, uma forte atração sobre a tradição que, com o passar do tempo, a ele relacionará cada vez mais fatos e instituições. Entretanto, as narrativas sobre os diferentes reinados mostram frequentemente uma arquitetura elaborada, tais como os ritmos ternários revelados por D. Briquel para as vitórias e os triunfos dos reis, e que esse estudioso explica pelo sistema de Dumézil.

Os próprios antigos, note-se, tinham começado a relevar muitas dessas particularidades, que provam a duração da elaboração da lenda. Hoje, as discussões entre especialistas provêm do julgamento global que fazem sobre a tradição: os que não creem que ela corresponda a uma verdade histórica tenderão a enfatizar o número e a importância de variantes, cujo peso, por sua vez, será reduzido pelos partidários de uma historização ao menos parcial.

Nessas condições, é ainda mais impressionante constatar que, tal como se apresenta em sua versão canônica, a tradição antiga organiza-se em torno de uma temática que, independentemente de textos ou autores, não se altera: Rômulo é sempre o fundador de Roma no Palatino; Numa, o organizador da religião; Tulo Hostílio, o destruidor de Alba Longa; Anco Márcio, o criador de Óstia; Tarquínio, o Antigo, o edificador do Capitólio; Sérvio Túlio, o reorganizador da sociedade romana; Tarquínio, o Soberbo, o senhor dos latinos. Qual pode ser o valor histórico dessa tradição? Para julgá-lo, a análise formal não é suficiente; é necessário recorrer à disciplina que verdadeiramente revolucionou nosso conhecimento nas últimas três décadas: a arqueologia.

3
O ambiente natural

Poder-se-ia definir a arqueologia como a ciência do espaço e do tempo, do espaço no tempo e do tempo no espaço. Isso significa que, antes de expor os resultados do grande movimento de busca que multiplicou, há um século, descobertas e teorias, convém primeiro tomar a medida do espaço no qual *ocorreram* os inícios de Roma. Está claro que não se trata de fazer da geografia a causa da história, e se cuidará de evitar o determinismo fácil que, com frequência, marcou as considerações sobre esse assunto. A geografia permite – mas não cria – a história.

Evoquemos primeiramente o Lácio, região a que pertence o sítio romano. Situada na costa oeste da península, a mais acolhedora, encontra-se entre a Etrúria e a Campânia. Suas largas (*latus*, em latim) planícies estariam na origem de seu nome, embora haja também marcados relevos na parte ocidental, ao sul e ao centro, como o maciço albano. A região apresenta, à época das origens de Roma, e antes das conquistas que se seguirão, a forma de um quadrilátero limitado pelo Tibre, pela montanha (a oeste e ao sul) e pelo mar. Esse Lácio antigo (*vetus*) caracteriza-se por grande diversidade. As montanhas calcárias que prolongam os Apeninos, de Tívoli a Anxur, têm solos mais áridos que as dos Castelli Romani, maciço de origem vulcânica e recente do ponto de vista geológico, já que formado de 130 a 30 ou 25 mil anos. O centro do sistema albano é constituído pelos montes Faete (956 m) e Cavo (949 m), este com frequência considerado – erroneamente – o mais alto. Análises vulcanológicas permitiram há pouco identificar, sob esse maciço, a presença de uma câmara magmática ainda ativa, pelo menos residualmente: eu mesmo apresentei em 1999 a hipótese de que a célebre lenda

AS ORIGENS DE ROMA

da enchente do lago Albano relatada pelos antigos, a respeito do cerco de Veios em 398 a.C., corresponde à lembrança de um fenômeno de explosão gasosa, consequência da acumulação de dióxido de carbono nas águas do lago, algo semelhante às catástrofes ocorridas em 1984 e 1989 nos lagos camaronenses de Monun e Nyos. Segundo pesquisas ainda em andamento, realizadas nos solos de seus arredores, o lago Albano teria sofrido também uma explosão muito importante durante a Idade do Bronze. Mas não se trata do vulcão, e seria engano afirmar, como ainda se faz, por vezes, com base em estudos hoje ultrapassados, que erupções vulcânicas tivessem ocorrido no monte Cavo na época histórica ou mesmo proto-histórica.

A diversidade do Lácio é também a de seus cursos d'água: dois principais sistemas hidrográficos se organizam em volta do Tibre e de seu afluente Anio, de um lado, e dos montes Albanos, de outro. Esses rios são todos navegáveis para as embarcações leves então em uso, e seus vales facilitam a comunicação da região com o exterior, tanto de sul a norte como de leste a oeste. Do lado do litoral, uma sequência de lagunas

(Lavínio, pântanos pontinos) obrigará as povoações a manterem distância da orla: à foz do Tibre existem até grandes salinas naturais. Em direção ao interior, principalmente no centro do maciço albano, a água está presente em numerosos lagos, muitos dos quais hoje desaparecidos.

Esse Lácio onde terra e água se misturam tão constantemente era também muito mais arborizado que seria posteriormente. A floresta mediterrânea (carvalhos de diversas espécies, castanheiros, faias) constitui então o ecossistema dominante, com flora e fauna muito ricas (cervos, javalis, lebres, castores, peixes e pássaros diversos, entre os quais o pica-pau, o ganso e muitos rapaces); o cavalo e o jumento são encontrados na Itália central desde o fim do Eneolítico, assim como as diferentes espécies bovinas e porcinas; o gato doméstico aparece no fim do século VIII a.C. Desde essa época, são cultivados cereais como o centeio, a cevada e o trigo branco (chamado *far*).

O clima, que se supõe mais ou menos análogo ao dos tempos históricos, já apresenta uma sucessão de verões quentes e úmidos e invernos frios e secos, típica da bacia mediterrânea: a alternância montanha-

As origens de Roma

-planície está na origem de uma prática humana e social de grande importância para a história mais antiga da península em geral, e do Lácio em particular: a transumância.

O Lácio é assim marcado por uma diversidade em que não há predominância de nenhuma parte da região: o maciço albano ocupa o centro geométrico, mas está longe do Tibre e do mar; o sítio romano fica à margem do sistema, e, do ponto de vista da geografia histórica, certamente não era verdade que todos os caminhos um dia levariam a Roma! Aliás, a comparação com a Etrúria põe em evidência tudo o que falta ao Lácio: ricas terras e, sobretudo, metais, tão abundantes ao norte do Tibre e quase ausentes aqui. Ora, a riqueza metalífera da Etrúria é reconhecida pelos pesquisadores como uma das causas principais de seu desenvolvimento. O estudo dos locais onde nascerá Roma revelará outros trunfos?

A junção das ciências do ambiente e das técnicas de arqueologia fornece hoje uma nova precisão a tal análise. Mais ainda que o Tibre que as margeia, as famosas colinas serão a marca, geográfica e histórica, do sítio romano. Escavadas pela erosão no tufo da planície lacial, elas parecem, tanto por seu número como pela diversidade de relevos, suprimir qualquer possibilidade de unidade ao espaço que ocupam. Nada a ver, portanto, com os vastos platôs bem delimitados onde se implantarão muitas cidades etruscas. Sem dúvida tal diversidade é compensada pela interdependência, visto que a maior parte das colinas liga-se à colina vizinha. Distinguem--se assim duas linhas de cumes que vão até o rio: uma do Quirinal ao Capitólio, a outra do Esquilino ao Palatino, ficando o Célio e o Aventino em retaguarda. Essas colinas compreendem frequentemente cumes secundários: assim, o Capitólio (mas não o Palatino) é atravessado por uma verdadeira falha que separa dois picos íngremes. Entre os dois eixos principais de relevos (Quirinal e Palatino) corre uma larga e profunda depressão, correspondente ao Velabre, ao Fórum (no sentido da largura do vale) e à Suburra. As investigações recentes mostram que por ali fluía não um discreto riacho como se acreditava até agora, mas uma verdadeira torrente de águas abundantes e declives acentuados. A água está por toda parte nesse sítio romano, no mínimo porque o Tibre, sujeito a grandes cheias (de mais de dez metros), ali transborda com frequência,

As origens de Roma

inundando a planície que virá a ser o Fórum. A água se estagna no pântano do Velabre e ao pé do Palatino, em face do Aventino; um verdadeiro reservatório ocupa o lugar do futuro Coliseu; e outro, todo o centro da planície do campo de Marte chamada de Pântano da Cabra (*Palus Caprae*). Mas sabe-se daqui em diante que a água também era abundante nas próprias colinas, graças a numerosas fontes, alimentadas por um grande rio subterrâneo vindo do maciço albano. As colinas eram igualmente bem cobertas por uma rica vegetação, como o provam seus nomes: o Célio chamava-se inicialmente o monte dos carvalhos (*Querquetulanus mons*) e nos topônimos Viminal e Fagutal leem-se as designações do vime e da faia.

Fluvial, o sítio romano é lugar de passagem leste-oeste, enquanto a ilha que faz face às colinas favorece a comunicação norte-sul. Não é um local nitidamente limitado e nada o separa das terras sabinas e latinas. Evidentemente ele não permanecerá tal como o descrevemos em um quadro que nada fica a dever à lenda literária, mas que no entanto a ela se junta, e o passar dos tempos o modificará profundamente: o Capitólio será nivelado e, em seguida, separado do Quirinal; a Vélia será aplanada. Se no início a geografia modelou o curso da história, deu-se o inverso depois, com a história do sítio romano transformando sua geografia pela elevação dos fundos dos vales, o nivelamento dos relevos e a acentuação de suas encostas.

Bem ligados ao exterior, acima de tudo, ricos em possibilidades defensivas e em recursos naturais, esses locais romanos deviam, apesar de desvantagens reais, atrair, e muito cedo, a presença humana. Em compensação, sua unificação não era de modo algum evidente. Para compreendê-la, isto é, para compreender como, quando e por que Roma surgiu, é necessário que nos voltemos agora à análise dos dados revelados pela arqueologia.

4
A CIVILIZAÇÃO LACIAL

A história arqueológica das origens de Roma começa com o surgimento no Lácio, bem no início do primeiro milênio antes de Cristo, de uma cultura arqueológica específica, chamada lacial. Deve-se considerar não pertinente ao tema a questão da origem do latim ou, mais exatamente – pois não há dúvida sobre seu caráter indo-europeu –, a de sua chegada à península italiana, doravante referida em um período claramente anterior: há concordância na afirmação de que o latim é falado no Lácio e também ao norte, na região dos faliscos pelo menos desde a segunda metade do segundo milênio antes de Cristo. Considera-se em geral fora das possibilidades (e a bem dizer dos objetivos) da pesquisa atual a identificação dos diferentes povos cujos nomes estão presentes na lenda das origens: aborígenes, pelasgos e sículos.

A arqueologia das origens de Roma tem, portanto, como ambiente geográfico o Lácio antigo e como delimitação cronológica os períodos que vão de XI-X a.C. a VI a.C. Não se trata mais de pré-história, mas de proto--história: a escrita aparecerá no Lácio no fim do IX a.C. (em Osteria dell'Osa) e irá se espalhar a partir do fim de VII a.C. Diversas técnicas, como a ceramologia, permitem agora datações com precisão de metade e até mesmo de quarto de século.

Sem querer insistir aqui sobre a natureza quase sempre imperfeita, inevitavelmente parcial e sempre provisória do conhecimento arqueológico – que se deve ter em mente –, destaquemos sua contribuição inestimável: o terreno fornece um material constantemente renovado e datações independentes da tradição literária. A partir dos anos 1960, tais datações foram sistematizadas em uma classificação graças aos trabalhos do alemão H. Müller-Karpe e dos italianos R. Peroni

AS ORIGENS DE ROMA

e G. Colonna, a partir daí universalmente adotada, em detrimento de um sistema alternativo proposto pela escola sueca (E. Gjerstad e P. G. Gierow).

A cultura lacial foi assim dividida em quatro fases principais e seis períodos, que vão do Bronze Final ao Orientalizante recente: I = X a.C.; IIA = (início da Idade do Ferro) IX a.C.; IIB = fim do IX – começo de VIII a.C.; III = VIII a.C.; IVA = (Orientalizante) fim VIII – VII a.C.; IVB = fim VII – início VI a.C. Em função de novas datações obtidas por pesquisas ainda em curso em sítios laciais (utilizando a dendrocronologia e os procedimentos baseados no carbono radioativo), convém efetuar os seguintes ajustes: a fase I será situada no século XI a.C.; a II, em X a.C. (IIA) e IX a.C. (IIB); a III, no fim do século IX e no VIII a.C.; a IV, do fim do século VIII (IVA) ao começo do VI a.C. (IVB). Essas modificações aumentam, portanto, em um século a datação da fase I e de meio século a da segunda, mantendo-se as restantes mais ou menos como estavam.

Tais datações são muito valiosas: não se deve esquecer, porém, que se trata de quadros conceituais, e não de realidades tangíveis, cujos riscos, bem destacados a seu tempo por M. Pallottino, permanecem: desaparecimento da continuidade temporal e não consideração de especificidades locais. Entretanto, elas são indispensáveis para qualquer descrição diacrônica da civilização lacial. É preciso notar, todavia, que o material arqueológico, de caráter aleatório e de origem quase sempre funerária, certamente não permite, ao contrário do que se acreditou por muito tempo, um conhecimento completo das sociedades vivas cujos traços conserva. No entanto, as escavações de *habitats* são cada vez mais numerosas e, com toda a prudência necessária, serão propostas as seguintes evoluções:

Primeira fase: esse período, no qual a influência da Etrúria meridional parece forte, é conhecido pelas tumbas, isoladas ou formando grupos certamente por demais restritos (menos de uma dezena de unidades) para que se possa pensar que eles reflitam a população real dessas comunidades. A incineração é o único rito funerário: a especificidade lacial que aparece nos vestígios desse período consiste na associação sistemática e muito rigorosa de urnas quase sempre em forma de cabanas (ou, pelo menos, com uma cobertura que

AS ORIGENS DE ROMA

evoca um teto) e de um mobiliário funerário miniaturizado que compreendia objetos de bronze (armas, navalhas ou fíbulas) e potes onde se distinguem suportes de vasos, assim como prováveis candelabros. Os habitantes distribuem-se, sobretudo, no maciço albano e, em grau mínimo, no sítio romano e no litoral. Essa fase permanece pouco registrada, e não se destacará nada além do interesse de descobertas muito recentes (2000): a 11 quilômetros a leste de Roma, as cinzas de um jovem guerreiro (de mais ou menos vinte anos de idade), que tinha também, ao que parece, um papel sacerdotal, foram enterradas com uma panóplia miniaturizada. Assim se confirma que somente os indivíduos que desempenhavam papéis importantes faziam jus a um ritual funerário específico.

Segunda fase IIA: os montes Albanos permanecem o centro do Lácio (sem que nenhum *habitat* supere os demais), mas no conjunto da região aparecem verdadeiras necrópoles (sempre de incineração), sinal de mudança social e também demográfica. O local de várias futuras cidades da era histórica experimenta então sua primeira ocupação estável. Outra descoberta muito recente dá a primeira atestação conhecida para o início desse período em Roma (fórum de César).

IIB: O século IX a.C. assiste ao desenvolvimento de uma série de *habitats*, especialmente na planície, tanto em Tívoli quanto em Preneste, enquanto o sítio romano passa por evoluções notáveis. As pesquisas recentes permitem completar a lacuna arqueológica que se acreditava observar nos montes Albanos a partir desse período, cujo local mais representativo é a necrópole de Osteria dell'Osa, perto do lago de Gábios. O uso de urna-cabana cessa, exceto nos montes Albanos, e o sepultamento torna-se preponderante.

O Lácio aparece então povoado de comunidades que compreendem algumas centenas de pessoas cada, organizadas em grupos de parentesco, as quais produzem, em cerâmica, os utensílios de que necessitam. Também são observados nas tumbas objetos importados, mostrando que a região abre-se às trocas com o exterior e revelando a passagem de mercadores fenícios, etruscos e gregos; até mesmo, como em Osteria dell'Osa, a implantação de famílias inteiras vindas do sul da península.

Terceira fase: a intensificação das trocas chega agora a uma concentração de riquezas que se traduz arqueologicamente pela aparição de tumbas com mobiliário claramente mais opulento que o de outras: mais ao fim do período, encontram-se por vezes verdadeiras tumbas principescas. Certas famílias começam a se afirmar no tempo e no espaço ao enterrar sob o solo de suas cabanas os filhos mortos em idade precoce. Paralelamente a essa evoluções, produz-se no século VIII a.C. uma mudança maior na ocupação do território: muitos *habitats* dotam-se de fortificações, em um processo ao qual se pode chamar de *incastellamento* (encastelamento), como o empregado pelo medievalista P. Toubert para o Lácio dos séculos XI e XII d.C.

Quarta fase: a urbanização se expande e se consolida por toda parte, exceto nos montes Albanos. As cabanas de madeira e de pau a pique são pouco a pouco substituídas por casas em pedra com tetos cobertos de telhas (no caso dos edifícios importantes para a comunidade). Os vasos destinados a guardar óleo e vinho revelam a difusão da cultura da oliveira e da vinha – esta última já presente, entretanto, havia muito mais tempo no Lácio. Após um período durante o qual a riqueza de algumas tumbas revelava um luxo excepcional, em Preneste ou em Castel di Decima, observa-se o quase desaparecimento (em VI e V a.c.) do mobiliário funerário, ditado certamente pela determinação das comunidades laciais de empregar suas riquezas em outro lugar em vez das sepulturas.

Comprovado agora em Gábios (Osteria dell'Osa, tumba 482) pela mais antiga inscrição grega encontrada na Itália (IIB, ou seja, fim do IX a.c.), a escrita se expande no Lácio a partir do VII a.c., para usos que podem ser religiosos (inscrições votivas) mas também comerciais: a exiguidade da documentação epigráfica em relação à da Etrúria não indica necessariamente a ausência de alfabetização.

No todo, a descrição dessas evoluções permite algumas conclusões: a cultura lacial é a expressão arqueológica de populações implantadas há muito tempo na região, e falando latim. A sequência Lavínio, Alba, Roma, mostrada pela tradição literária, não parece diretamente confirmada pela arqueologia, na medida em que a fase I está representada desde o início nos três locais. Numerosos especialistas italianos observam, entretanto, que os antecedentes diretos da cultura lacial estão ainda por se pesquisar na costa e que os montes Albanos ocupariam o primeiro lugar, antes de serem suplantados por Roma. De qualquer modo, a frequência de armas, miniaturizadas e depois reais, nas tumbas, mostra que esse Lácio antigo em nada lembra um pacato Éden! Constata-se de outra parte que, se a alternância dos ritos funerários entre incineração e sepultamento não tem nenhum significado étnico – contrariamente ao que se pensava outrora –, ela permanece sem explicação unicamente pela cronologia, como mostra o exemplo de Osteria dell'Osa. A urna-cabana, frequentemente empregada para a incineração, não pode ser utilizada como marcador étnico, visto que está presente em outros lugares na Itália e na Europa, mas o Lácio concentra uma grande quantidade delas, cuja maioria provém do maciço albano e de seus arredores (Osteria dell'Osa). A grande lição, por fim, dessa arqueologia lacial é a correlação estreita que se pode estabelecer entre estruturação do território e evolução da diferenciação social. Segundo o esquema geralmente proposto, ainda que contestado por alguns, passar-se-ia, da primeira à terceira fase, de uma organização tribal igualitária, em que os papéis pareciam distribuídos segundo idade e sexo, a uma sociedade desigual baseada na preeminência de alguns grupos familiares. Desse ponto de vista, a formação de elites aristocráticas produz-se, não no século VII a.C., como se acreditava até pouco tempo, mas já um século antes. Quanto à clássica questão de saber quem, da *gens* ou da cidade, teve a prioridade, as escavações de Osteria dell'Osa levam os pesquisadores a concluir de preferência que a *gens* é anterior à cidade, tendo sido um dos fatores essenciais de sua criação. Estamos, portanto, como já se pode perceber, em Roma.

5
Arqueologia romana

Há um século, as pesquisas de G. Boni trouxeram os primeiros elementos materiais para a restituição do passado mais antigo da Urbe. A partir de 1950, o grande trabalho efetuado pelo sueco E. Gjerstad de reunião dos dados então conhecidos abriu caminho para um debate científico que, a partir daí, nunca mais se interrompeu de fato. Há cerca de vinte anos, a retomada de uma intensa atividade arqueológica no centro da cidade, conjugada ao impulso das pesquisas no Lácio, renovou profundamente conhecimentos e problemáticas. É claro que, apesar disso, as dificuldades próprias a qualquer documentação arqueológica não desaparecem, e Roma as concentra a um ponto raramente atingido em outros lugares: cidade e capital há vários milênios, destruindo-se e se reconstruindo sem trégua, não cessou de ser o centro de uma metamorfose urbana que tornou seus vestígios mais antigos muito raros, muito pouco acessíveis e de difícil interpretação. O caráter parcial e provisório de qualquer tentativa de síntese nesse assunto encontra-se hoje ainda mais acentuado.

Sabe-se atualmente que a pré-história está bem representada no Lácio e no sítio romano: o Paleolítico (homem de Neandertal), registrado em todo o vale do Anio, também o é agora no Palatino; o eneolítico, no Palatino e o Esquilino. No terceiro e segundo milênios a.C., as futuras colinas romanas são povoadas esporadicamente por pastores nômades. Entretanto, os verdadeiros inícios do sítio romano situam-se no Bronze Médio, a partir do século XVII a.C.: fragmentos (da época subapenina) encontrados em diferentes locais ao pé do Capitólio permitem supor a existência de um vilarejo na depressão entre os dois cumes da colina, e de outro, certamente estabelecido em suas encostas meridionais e talvez na própria planície que abrigará o Fórum Boarium, ao longo do Tibre, que não parece ter então valor de delimitação étnica.

Para o período seguinte, do Bronze recente, uma das novidades mais marcantes das descobertas atuais é o registro, doravante aceito, de relações no mínimo indiretas, com o mundo egeu: na planície pontina, na foz do rio Astura, um sítio (Casale Nuovo), povoado nos séculos XIII e XII a.C., revelou fragmentos de tipo miceniano, provenientes talvez do sul da Itália; ora, na própria Roma, no Palatino, acaba de ser identificado um fragmento provido de uma inscrição, que poderia ser de origem ou de inspiração egeia (*Bollettino di Archeologia*, 2000, p.107). O futuro mostrará se essa descoberta permanecerá isolada.

Durante os séculos que precedem imediatamente o surgimento de uma cultura lacial, o sítio romano anima-se progressivamente com uma vida agrupada em torno de vários *habitats*. Eles se encontram no Fórum Boarum, no Capitólio, assim como no Palatino, onde as escavações de P. Pensabene revelam a ocupação da parte sudoeste da colina que domina o rio. A planície do futuro Fórum estaria, então, habitada? É o que frequentemente se supõe com base em descobertas feitas no Comitium, na *Regia* e no Arco de Augusto, imaginando-se ali aldeias disseminadas; mas os restos encontrados seriam devidos aos revolvimentos de terra, segundo o arqueólogo A. J. Ammermann, que destaca a altura, nesses locais, das cheias do Tibre. Talvez apenas as encostas do Palatino que dão para o Fórum, especialmente do lado da fonte de Juturne, fossem então habitadas ou ocupadas em parte.

É certo, em todo caso, que o sítio romano era visitado pelo homem desde o início da era lacial. A descoberta recente (2000), no fórum de César, de uma tumba de jovem adulto, com mobília funerária rigorosamente miniaturizada, fornece um registro, que até então faltava, dos inícios (IA) do período. Trata-se sem dúvida de pequenas comunidades que reservam um rito funerário elaborado para seus chefes, os quais parecem acumular os papéis de guerreiros e sacerdotes. Um pouco mais tarde, quatro tumbas de cremação foram localizadas na zona do Arco de Augusto, ali onde um povoado teria prosperado pelo menos um século antes: com todas essas descobertas, deduz-se a provável existência de *habitats* no Capitólio e no Palatino.

AS ORIGENS DE ROMA

O início do período seguinte (IIA) é mais bem registrado; o espaço do Fórum parece agora reservado aos mortos: as cerca de 40 tumbas (25 nessa fase), encontradas entre 1902 e 1905 ao pé do templo de Antonino e de Faustina, certamente não representam mais que uma parte da necrópole primitiva, aliás destruída pelas construções. Outras tumbas foram assim identificadas nas escavações feitas por volta de 1960 sob a *Regia*. No entanto, essa necrópole não é a única: pesquisas recentes no Palatino revelaram (P. Pensabene, 2001) a existência, presumível por traços que deixaram no tufo,[9] de várias tumbas que vêm se juntar àquela encontrada em 1954 sob a mansão de Lívia, por muito tempo considerada um *unicum*. O conjunto dessas descobertas deixa presumir que toda a zona que vai das margens do Tibre até o Quirinal e a Vélia é então ocupada por *habitats* dispersos, ainda limitados em sua extensão, e cuja presença é confirmada por fragmentos esparsos encontrados.

A fase chamada IIB é marcada pelo nítido aumento dos vestígios, o que sem dúvida traduz o crescimento demográfico

---

[9] Pedra calcária ou vulcânica muito porosa. (N.T.)

das comunidades instaladas nas colinas do Tibre: a necrópole de Antonino e de Faustina é abandonada em detrimento de outra, situada no Esquilino, e na verdade já em operação. Essa mudança é interpretada pela maioria dos especialistas como sinal de reorganização dos *habitats* e de nova distribuição do espaço. Outras necrópoles podem ser identificadas sobre o Quirinal, ao longo da *via Salaria*, e, agora, na parte meridional (sudoeste) do Palatino. A inumação torna-se o rito predominante e os mobiliários funerários deixam de ser miniaturizados. Os *habitats* não são mais atestados somente por fragmentos, mas também por fundos de cabanas dos quais os mais conhecidos são os que se podem ainda ver no Palatino, na parte voltada para o Tibre e para o pântano do Velabre. Outros novos fundos de cabanas completam o quadro fixado pelas escavações antigas (1907 e depois 1951) de um sítio cuja celebridade vem de sua localização, justamente no setor em que a tradição antiga situava as "escadas de Caco[10]"

---

[10] Caco (em latim, *Cacus*), na mitologia romana, era um demônio, filho do deus do fogo, Vulcano, e vivia em uma caverna sob o Aventino, cuspindo fogo e matando quem por ali passasse. Foi morto por Hércules, cujo rebanho havia roubado e escondido. (N.T.)

AS ORIGENS DE ROMA

(*scalae Caci*) e a "cabana de Rômulo" (*casa Romuli*). No entanto, os arqueólogos atuais não entram em acordo sobre a interpretação desses vestígios: alguns veem ali uma cabana "real", rodeada de suas dependências e santuarizada em seguida (no século VI a.C.); outros, os traços, diversos no tempo e no espaço, de um povoado que teria perdurado, com sucessivos remanejamentos, até a era arcaica. De qualquer modo, sob o local do palácio imperial, e depois no lado que dá para o Fórum, outras cabanas contemporâneas foram identificadas; poderia tratar-se de um "bairro" especializado no trabalho em argila (ali foi encontrado um forno), assim como o sítio do *Asylum*, no Capitólio, parece revelar uma especialização no trabalho com bronze, segundo pesquisas arqueológicas ainda inéditas.

No total, a aparência do sítio romano em IIB continua discutível: a dispersão de vestígios, conjugada a sua incontestável densificação, leva muitos especialistas, sobretudo italianos, a imaginar uma grande Roma do século IX a.C., segundo o modelo reconhecido dos grandes platôs etruscos onde se observa, na mesma época, uma nítida evolução "protourbana". Chega-se então a um sítio romano de cerca de 150 hectares, unindo Capitólio, Palatino e Quirinal. Tudo dependerá, na realidade, da natureza dos vestígios de habitações encontrados no solo do Fórum: se se confirmar que são depósitos secundários depositados artificialmente pelos taludes, certamente será necessário abandonar a ideia de que o sítio romano já tivesse sido unificado. No entanto, esse crescimento não poderia ter sido somente interno, mas suporia fortes contribuições externas: ora, desse ponto de vista, os montes Albanos, até então candidatos obrigatórios ao papel de reservatório demográfico, não mais parecem caracterizados pelo vazio arqueológico que ali se pensava observar a partir da fase IIB. Enfim, a área do Fórum e de suas adjacências permanecerá, ao menos episodicamente, local de sepultura até o século VII a.C., como o demonstra a descoberta, no centro da futura praça, de três esqueletos (um casal e um feto), aos quais se junta outro, encontrado próximo ao Lacus Curtius. A discussão sobre a natureza do sítio romano em IIB está, portanto, aberta.

Na verdade, a terceira fase, que corresponde em geral ao século VIII a.C. também ainda está em discussão. Esse período

AS ORIGENS DE ROMA

concentrou nos últimos anos intensos debates em razão de espetaculares descobertas de A. Carandini, interpretadas por ele, e depois pelo autor deste livro, em um sentido romuleano. A publicação de pesquisas, iniciadas em 1985 e publicadas em 2000 (*Bollettino di archeologia*), permite hoje esclarecer: a identificação, em um espaço situado diante do Arco de Tito e ao pé do Palatino, de traços de uma muralha do século VIII a.C., delas se confirma. Trata-se de uma estrutura erguida após a destruição das cabanas ali preexistentes e que os arqueólogos seguiram ao longo da encosta do Palatino em vários locais, às vezes sobre mais de 10 metros, sem que se possa interpretá-lo como aterro ou dique. Ali se reconheceriam igualmente os traços de uma porta identificada como a *porta Mugonia*. A estrutura consiste em um fosso de 1 a 2 metros de largura, onde foram lançados, espaçadamente, grandes blocos de pedra grosseiramente trabalhados, mergulhados em uma mistura de cascalho e barro que ainda exibe os traços das vigas que escoravam a edificação. Alguns objetos enterrados sob essa muralha permitiram datá-la em cerca de 730-720 a.C. Esse estatuto particular, assim conferido ao Palatino, não provém, aliás, apenas do muro em si – se é verdade que fortificações da mesma época são registradas agora no Capitólio e presumíveis em Vélia com base na tradição literária –, mas do fato de ter sido reconstruído diversas vezes sobre o mesmo traçado: no século VII a.C., como muro de barro em paramentos de pedras – após a organização de várias sepulturas nos escombros da primeira obra, depois, por volta do início e em seguida na metade do século VI a.C., em pedras talhadas. Nessa época, outra porta parece ter sido construída um pouco acima. Não restam dúvidas de que tal fortificação representa uma etapa fundamental na história do sítio romano. Aliás, o terceiro período lacial experimenta, tanto em Roma como no Lácio, profundas evoluções: já no seu início, aparecem as primeiras cerâmicas gregas, sobretudo no Fórum Boarium nas décadas que precedem e preparam a fundação das feitorias de Ísquia e de Cumes (cerca de 770 e 750 a.C., respectivamente) no sul da Itália. Próximo ao fim do século VIII a.C., um túmulo com veículo de combate, encontrado no Esquilino (nº 94), revela a existência de uma elite de "príncipes".

Especialização de espaços e de papéis sociais: a quarta e última fase lacial será de

AS ORIGENS DE ROMA

aceleração decisiva desse duplo processo, que é a marca da urbanização. A massa de dados torna-se tal que é impossível mencioná-los todos. Aliás, em vez de diminuir o caráter lacunar e hipotético de qualquer tentativa de síntese, o aumento da informação disponível torna-o mais sensível. Não é raro que um mesmo arqueólogo proponha, de uma publicação a outra, duas datações diferentes para o mesmo objeto ou local... O quadro geral da cronologia lacial volta hoje a sofrer turbulências que podem provocar variações de datação de algumas décadas para a quarta fase. Ora, trata-se aqui, muitas vezes, de distinguir, entre essas turbulências, períodos sucessivos de ocupação ou de construção relativamente próximos no tempo. Aliás, quase sempre não passam de fragmentos de terracotas decorativas encontrados em poços, que permitem supor a existência e a cronologia de edifícios variados. Por todas essas razões, o quadro atual, mesmo levando em conta as pesquisas mais recentes, só pode ser provisório. Ele não impede que se vejam evoluções de conjunto bastante claras, observadas principalmente nas colinas do Capitólio e do Palatino e em seus arredores, assim como no vale do Fórum. No fim do século VIII e na primeira metade do século VII a.C. desenvolve-se o *habitat* do Palatino, cuja unidade passa a ser confirmada pela muralha descoberta na encosta norte (apesar de ser pouco plausível que toda a colina estivesse então ocupada de modo denso). Sepulturas foram recentemente identificadas nos arredores do Capitólio (duas tumbas no Tullianum), mas a colina em si não parece muito habitada. O Fórum continua sendo um vale pantanoso, e apenas algumas poucas elevações são povoadas: no local da futura *Regia*, análises dendrocronológicas datam um grupo de cabanas de 679 a.C.

Entretanto, o sítio romano vai viver uma nova evolução decisiva, graças a grandes obras, cuja realidade e amplitude são demonstradas pelos estudos recentes de A. J. Ammermann. A canalização da torrente que corre no fundo da depressão que separa o Quirinal do Palatino permitirá de início a abertura de uma estrada (por volta de 650 a.C.), a *Via Sacra*, cujo nome representa bem a natureza ainda rústica que a caracteriza. Ao mesmo tempo, ou melhor, pouco depois (em torno de 625 a.C.), toda a planície, que até então a água do Tibre inundava sem obstáculos, será aplainada, sobrelevada e

AS ORIGENS DE ROMA

reforçada por aterros de grande importância. Pode-se seguir, a partir daí, a evolução do centro de Roma a partir de alguns sítios que foram objeto de explorações arqueológicas. Trata-se da *Regia* e do templo de Vesta, do Comitium e de S. Omobono.

Por volta de 625 a.C., na *Regia*, uma grande cheia arrasta as cabanas, que inicialmente são substituídas por um espaço livre provido de estela funerária; as escavações arqueológicas do norte-americano F. Brown permitiram estabelecer que, por cinco vezes seguidas (em torno de 620, 600, 580, 540 e 510 a.C.), um edifício (identificável como o Palácio Real graças a um fragmento que continha a palavra *Rex*) foi reconstruído no mesmo local, enquanto o santuário de Vesta também passou por um primeiro arranjo por volta de 620 a.C. Teria ele sido precedido por uma cabana de culto, como o formato redondo poderia sugerir? Não o sabemos, mas outros exemplos, em Sátrico, Árdea e Gábios, mostram agora que não se deve desconsiderar tal continuidade. No Fórum, o Comitium, que é – ou virá a ser –, como o indica seu nome, o local de reunião dos cidadãos, no início (em torno de 625) é provido de um piso em terra batida, paralelamente ao preparo de uma construção vizinha, cujas telhas foram encontradas e que bem poderia ser a *curia Hostilia*. Depois, aproximadamente na metade do século, uma área sagrada é ali disposta, com uma estela inscrita (a do *Lapis niger*), quando foi concluída a reforma do edifício vizinho; o sítio é novamente organizado perto do fim de VI a.C. Enfim, em S. Omobono, observa-se a existência de uma primeira área sagrada no século VII a.C. e depois a construção de um templo cerca de 580 ou 540 a.C. (há divergência de opiniões). Após um incêndio, no fim do século, é edificado um segundo templo, que também será destruído pelo fogo. Essas datações – às vezes sujeitas, é verdade, a variantes notáveis entre os especialistas – sugerem alguns sincronismos; os que foram observados em um mesmo sítio são bastante seguros: são os casos do Comitium e da proposta *curia Hostilia*; ou ainda da *Regia* e do santuário de Vesta, que parecem, ao menos parcialmente, ter experimentado evoluções paralelas. Outros sincronismos, mais gerais e mais sugestivos, parecem possíveis: F. Coarelli sublinhou assim que a evolução dos diferentes sítios do Fórum e de S. Omobono é paralela ao longo do século VI a.C., o que, tratando-se de locais distintos e relativamente distantes uns dos

As origens de Roma

outros, tem provavelmente um significado histórico. O sítio pesquisado depois por C. Panella ao pé do Arco de Constantino e identificado como o das antigas cúrias (*curiae Veteres*) parece ajustar-se a esse modelo. Outro sincronismo aparece hoje entre a demolição dos muros do Palatino e o começo das grandes obras na planície do Fórum. Está claro que a verificação e talvez a depuração dessas simultaneidades são tarefas para as futuras pesquisas. Com efeito, uma cronologia nitidamente mais elevada foi recentemente proposta para o Comitium por P. Carafa. É evidente, em todo caso, que o fim dos séculos VII e VI a.C. marca uma época de profunda transformação edílica e urbana: a partir do século VII a.C. são organizados os primeiros espaços sagrados (Vesta, S. Omobono, *curiae V.*) e tem início o uso dos depósitos votivos, registrados no Capitólio (embora uma interpretação recente o conteste) e no Quirinal (S. Maria della Vittoria); em VI a.C., os edifícios de tijolos e com tetos de telhas substituíram as cabanas; por toda parte, os cursos d'água são canalizados, e os solos, drenados; vestígios cada vez mais numerosos atestam a existência de uma verdadeira rede, no subsolo romano, de poços, canais, esgotos e cisternas. Nessas cavidades subterrâneas, os arqueólogos vêm encontrando, a partir daí, e às dezenas de milhares, fragmentos de terracota que ali haviam sido jogados posteriormente para enchê-las. São entulhos de telhas ou de placas de revestimento dos edifícios que então se erguiam no Fórum, no Capitólio e no Palatino. Em outros tempos as terracotas trabalhadas eram relacionadas automaticamente a santuários; porém, graças aos exemplos encontrados na Etrúria, sabe-se hoje que as residências da aristocracia arcaica também eram ricamente decoradas. Os depósitos votivos que continham fragmentos inscritos, prováveis restos de inscrições rituais dedicatórias, são finalmente indícios bastante seguros de templos desaparecidos, e a zona sudoeste do Palatino acaba de nos oferecer grande quantidade deles. No total, as descobertas recentes provam que no século VI a.C. não só o Fórum, mas também o Capitólio e o Palatino cobrem-se de edifícios novos, como templos, palácios e mansões. No Capitólio, as obras recentemente realizadas para a ampliação dos chamados museus dos Conservatórios revelaram que a colina inteira foi, a partir do VII a.C., objeto de uma gigantesca operação de aterro, destinada a nivelar a superfície e a receber um imponente santuário que não pode ser outro senão o de Júpiter, e cujas dimensões (74 m x 54 m) revelaram-se bem maiores do que se imaginava. Outros vestígios identificados ao redor devem ser relacionados a santuários anteriores. No Palatino, as escavações arqueológicas dirigidas por P. Pensabene e publicadas em 2001 mostram que as cabanas do Germal são destruídas, dando lugar a todo um bairro novo, após essa parte da colina ser reestruturada mediante possantes muros de sustentação. Em outro local, na encosta norte da colina, a equipe de A. Carandini trouxe à luz quatro grandes habitações (fim do século VI a.C.) com átrio – o que era até então uma novidade. Acima da necrópole do templo de Antonino e Faustina, recentemente sob o templo dos Castores, talvez sob as basílicas republicanas, outros traços já atestavam a presença de mansões luxuosas no Fórum. Por toda parte, no centro de Roma, a concentração de vestígios é particularmente nítida a partir dos anos 530. É portanto indiscutível que, durante toda a fase lacial IVB e até o fim do século VI a.C., Roma se transforma profundamente: os estudos mais recentes (G. Cifani em *Mitteilungen deut. arch. Instituts,*

1998) demostram também que a cidade arcaica dota-se de uma muralha contínua. Os restos do muramento que hoje se pode ver em Roma, por exemplo, próximo à estação Termini, são certamente mais tardios: trata-se da muralha construída após a tomada da cidade pelos gauleses e que deveria deter Aníbal. No entanto, em mais de vinte outros locais, esse muro recobre uma base feita de pedras menores, talada em um tufo pardacento; diferentes critérios permitem datá-lo na segunda metade do século VI a.C., enquanto a topografia dos vestígios desenha um traçado contínuo de 11 quilômetros, incluindo em um conjunto unificado o Palatino, o Fórum, o Quirinal, o Capitólio e o Aventino, ou seja, uma superfície que chegaria a 426 hectares.

É certamente muito, mas sem dúvida poderíamos dizer, como Gibbon (1776), que

> essa muralha parece talvez muito longa, se comparada à força e à população do Estado em sua infância; mas os primeiros habitantes de Roma tinham necessidade de defender uma grande extensão de pastagens e de terras cultiváveis contra as incursões frequentes e repentinas dos povos do Lácio, seus perpétuos inimigos.

6
DA LENDA À HISTÓRIA

Ontem relegada às brumas da fábula e da lenda, hoje cada vez mais a tradição literária sobre as origens de Roma coloca-se à luz da história: é incontestável que as descobertas arqueológicas que acabamos de descrever contam muito para essa mudança de ponto de vista. Se devêssemos nos contentar com isso, já se saberia que: a ocupação do sítio romano caracteriza-se por uma continuidade topográfica e humana que remonta ao fim da Idade do Bronze; o Palatino, o Capitólio e o Fórum são seus locais mais importantes; o século VIII a.C. é marcado, tanto em Roma como no Lácio, por uma estruturação de *habitats* que são então delimitados e protegidos por muralhas defensivas; a partir do início do século VI a.C., a urbanização se acelera; as civilizações grega e etrusca desempenharam importante papel na evolução da sociedade romana; esta era dirigida por um rei. Em outros termos, a arqueologia identifica linhas de força e etapas que correspondem claramente aos grandes momentos descritos pela tradição literária e aos fatos consideráveis que ela destaca: ocupação pré-urbana do sítio, fundação de Roma no Palatino, regime monárquico, influências gregas e etruscas. Pode-se, entretanto, ir mais longe na aproximação entre filologia e arqueologia? Em caso positivo, em que condições?

Na realidade, a oposição entre essas duas categorias de dados – os textos e os objetos – não é tão categórica como parece à primeira vista. Assim, a arqueologia compreende uma série de documentos que não são contemporâneos dos momentos descritos pela tradição literária, mas que só adquirem sentido por meio dela. É o caso, por exemplo, da famosa loba do Capitólio: graças a análises recentes da mistura de terra ainda contida no bronze, sabe-se que o metal foi produzido no século V (e não no VI) a.C., na região de Orvieto, aliás Volsínia, então uma das maiores cidades-estado etruscas e centro renomado no trabalho com esse metal. Pensa-se hoje que a estátua foi encomendada por Roma para celebrar a conclusão de um importante tratado, o *foedus Cassianum*, com os latinos. É provável que essa estátua seja a descrita por Dionísio de Halicarnasso como "uma obra em bronze de confecção antiga" e que ele diz ter visto no Lupercal, gruta ao pé do Palatino, onde os gêmeos teriam sido recolhidos pelo animal salvador. Ela supõe em todo caso a existência da lenda de Rômulo e Remo, registrada também no século seguinte, no motivo decorativo de um espelho etrusco. Outros documentos arqueológicos dependem igualmente da tradição: a majestosa basílica Emília, no Fórum, tinha sido ornada – em data que permanece discutida, mas que não pode ser anterior ao II a.C. – de uma grande frisa esculpida com representações de episódios célebres do relato dos começos da cidade. Mais tarde ainda, o regime augustano iria fazer grande uso da temática das origens romanas, por exemplo, em Ara Pacis, exumada a partir do século XVI, próximo às margens do Tibre.

Todos esses vestígios, e muitos outros, são de estatuto arqueológico, mas, no fim, de natureza literária. Ora, o inverso também se verifica: os textos antigos veiculam informações que se poderiam qualificar de literárias, pois só nos são conhecidas por eles, mas que são finalmente de natureza arqueológica. Tornamo-nos assim cada vez mais sensíveis à contribuição documental que pode se deduzir, ao menos indiretamente, da tradição escrita: viu-se, por exemplo, que os autores antigos às vezes mencionam tratados cujos textos afirmam ter visto gravados nos santuários – o que era de fato costume antigo: é o caso de pactos concluídos por Roma com os latinos ou com uma cidade como Gábios, e aos quais se pode acrescentar aquele entre Roma e Cartago, datado do início da República pelo historiador grego Políbio, mas que muitos especialistas remetem a uma situação anterior. Uma descoberta recente mostra a verossimilhança desse gênero de notas: em 1964, em Pyrgi, porto de Cervetari (antiga Caere), foram descobertas, nas ruínas do templo onde haviam sido afixadas, plaquetas de ouro, do início do século V a.C., gravadas com o texto de um tratado entre os cartagineses e Tefário Velianas, um rei de Caere.

De modo mais geral, é inegável que a chamada tradição literária transmitiu uma série de dados antigos, seja de rituais, seja de indicações sobre os monumentos e os espaços de Roma. É por isso que os estudos de topografia histórica, entrecruzados com a arqueologia e a filologia, desenvolveram-se muito nos últimos anos, graças, principalmente, aos trabalhos de F. Coarelli. A causa quase única dessa perpetuação de uma memória das origens é algo a ser pesquisado no papel da religião para a estruturação da sociedade romana. Evidentemente, isso acarreta deturpações de todo tipo: assim, o *Lapis niger*, monumento visível no Comitium até a época de Sila, era interpretado pelos antigos como uma tumba, fosse de Rômulo, de seu pai adotivo Fáustolo ou de um certo Hostílio...

Enfim, uma categoria particular de documentação é constituída pela epigrafia. Com efeito, em pequeno número de casos, a investigação arqueológica revelou inscrições com nomes de protagonistas das origens lendárias: Eneias (inscrição de III a.C.), Latino (VI a.C.), Mezêncio (VII a.C.), Hostílio (VII a. C.), Tarquínio (IV a.C.), Servo Túlio (IV ou III a.C.), Vibênio (VI a.C.) e Publícola (V a.C.).

Tais descrições tornam no mínimo verossímeis alguns desses personagens das narrativas transmitidas pelos textos (de Tarquínio a Publícola) e indicam que os nomes dos outros (Eneias a Hostílio) são efetivamente antigos.

Entre a arqueologia e a tradição literária, há, portanto, muitas vezes uma troca de papéis que justifica o princípio da comparação sistemática entre os dois tipos de dados. Que não sejam confundidos, porém: apesar de contemporâneo dos períodos estudados e de poder ser datado, o documento arqueológico manterá sempre sua natureza aleatória e lacunar; ele é mudo e sua significação é apenas implícita, ao passo que os textos são prolixos e explícitos. Trata-se, portanto, de dois conjuntos cujas especificidades e coerência interna devem ser respeitadas: somente ao se chegar a deduções apropriadas a cada tipo de documento, será possível tentar comparar os resultados obtidos, primeiro separadamente de uma parte e de outra. É o que vamos fazer agora, ao reler a narrativa das origens de Roma à luz das novas descobertas, que expusemos, e das novas problemáticas que elas suscitaram.

Para começar, o que se passa com Eneias e outras figuras míticas da tradição antiga?

As origens de Roma

Digamos logo que, para as personagens de tempos anteriores ao nascimento da Urbe, não se coloca a questão de sua historicidade. Está claro que não se trata de figuras reais, mas, apesar disso, o debate não está encerrado. Os modernos formularam três tipos de hipóteses: os personagens são lembrança embelezada de dados reais, o traço de uma elaboração lendária nascida na época arcaica (VII-VI a.C.) ou uma invenção da erudição helenística ou clássica.

No caso de Eneias, diferentes indícios levaram a pesquisa recente a aceitar uma datação de pelo menos IV a.C.: encontrou-se de fato em Lavínio um túmulo que parece corresponder ao descrito por Dionísio, que o atribui ao herói grego. Datando do século VII a.C., ele foi remanejado para o IV a.C. Ora, o mito de Eneias no Lácio é calcado sobre o de Latino, a quem deveria portanto estar consagrado – em nossa opinião – o monumento de Lavínio em sua primeira versão. Tudo se passa então como se o mito de Latino, símbolo da soberania e da identidade dos latinos, tivesse sido substituído pelo de Eneias, escolhido pelos romanos como seu fundador ancestral. O nome de Latino, agora confirmado por uma inscrição da Magna Grécia de VI a.C., não foi inventado pela erudição helenística, mas servia aos latinos – que se reuniam anualmente no monte Albano para celebrar o sacrifício do *Latiar* – para designar seu mítico rei ancestral. Se a cronologia da lenda de Eneias permanece em discussão, sua significação foi bem esclarecida por um grande número de trabalhos: parece que os mitos gregos presentes na península italiana foram utilizados, de comum acordo, pelos autóctones e pelos colonizadores (ou seus predecessores), como um instrumento de diálogo e de troca. Dizerem-se descendentes de Eneias e serem reconhecidos como tal pelos gregos era, para os romanos, ao mesmo tempo afirmar sua diferença em relação ao helenismo e entrar por inteiro no prestigioso universo do mito grego. Nisso, aliás, eles se distinguiam – voluntariamente, não resta dúvida – de seus vizinhos etruscos: estes, ao contrário, tinham levado sua assimilação da cultura helênica a tal ponto que chegavam até a se pretenderem gregos, como o mostra claramente o exemplo dos afrescos na tumba François,[11] datada do

---

[11] Assim chamada após a descoberta, em 1857, pelo arqueólogo florentino Alessandro François e pelo

As origens de Roma

século IV a.C. e situada em Vulci. Se então os romanos foram definidos como troianos, é também porque os etruscos, seus vizinhos e inimigos, diziam-se gregos.

Destaca-se em geral o caráter artificial e tardio da figura de Evandro: é claro, em todo caso, que o dossiê das presenças egeias (pós e paramicenianas) no Lácio e mesmo em Roma evolui fortemente. Já considerada muito antiga segundo os critérios mitográficos, a lenda de Caco, por sua vez, ganhou novo significado após as descobertas arqueológicas que mostram que o Fórum Boarium é sem dúvida a zona de povoamento mais antiga do sítio romano. F. Coarelli interpreta a área de desembarque do Fórum Boarium como um espaço de trocas, uma espécie de porto livre, aberto aos estrangeiros, seguindo o modelo das *emporia* identificadas em Gravisca, perto de Tarquínia, em Pyrgi e outros lugares. Diferentes indícios, notadamente toponímicos, mostram o papel primordial do Fórum

---

historiador francês Adolphe Noël des Verges, é importante por oferecer um retrato único da história etrusca e romana nos primeiros tempos de Roma. Ela confirma a versão posterior da história, escrita pelo imperador Cláudio, na qual descreve a versão etrusca da narrativa de Sérvio Túlio. (N.T.)

Boarium e a importância do comércio do sal para o desenvolvimento do sítio romano: é para lá, com efeito, que afluem as vias mais antigas de Roma, e em particular a *via Salaria* (cujo nome é explicativo por si); após a passagem da ilha Tiberina, em face, ela se prolonga pela *via Campana*, estrada que conduz ao *campus salinarum* da foz do Tibre, também conhecido como salinas de Óstia. Como seu nome indica, o Fórum Boarium ("mercado de bois") é uma feira onde os pastores das montanhas vêm trocar seus animais pelo sal coletado perto do mar e estocado no fórum, em um local chamado Salines. A raridade e a importância do sal no Lácio e na Itália proto-históricas foram destacadas por A. Giovannini, e é possível identificar nesse controle da valiosa provisão uma das causas do nascimento de Roma.

Passemos agora aos tempos da monarquia: segundo a doutrina clássica, seus inícios seriam inteiramente lendários, enquanto o fim já pertenceria em boa parte à história. Pois bem, as pesquisas recentes pulverizaram essa linha de demarcação. Elas questionam as datações até então aceitas, que situam o início da cidade romana no fim do século VII e em meados de VI a.C. Segundo essa teoria, cuja construção pôde ser acompanhada ao longo do século passado e que encontrou sua forma mais elaborada nos trabalhos de C. Ampolo e de T. J. Cornell, Roma só teria nascido a partir do momento em que o Fórum se torna um espaço público, com a drenagem do vale por grandes obras, fixadas na memória da tradição, e com a preparação de locais emblemáticos como o Comitium e o templo de Vesta, que teriam fornecido à cidade nascente o local de reunião e o forno comum que lhe faltavam e de que ela necessitava para existir. Quanto à lenda que concentra o momento da fundação de Roma na delimitação sagrada do Palatino por Rômulo, com a construção de uma muralha, só poderia se tratar, nessa concepção, de uma fábula desprovida de qualquer fundamento real ou, na melhor das hipóteses, baseada em vagas lembranças da ocupação proto-histórica do Palatino. Compreende-se, nessas condições, a perturbação historiográfica e científica causada pela descoberta, por A. Carandini, de uma fortificação palatina datável dos anos 730 a.C.! Até ali, os pesquisadores tinham recusado totalmente o modelo antigo de fundação da cidade para substituí-lo pelo de urbanização e formação progressivas: os numerosos vestígios anteriores ao século VIII a.C. no sítio romano não provam que Roma já existia antes desse período ou, mais exatamente, que a passagem do "pré-urbano" ao "protourbano" já estava em curso? Na realidade, há muito de nominalismo e finalismo nessas categorias, bastante em uso pela pesquisa contemporânea. De qualquer maneira, uma muralha não é um fragmento: é um vestígio tópico – ligado ao local que ela defende ou delimita – datado e político no sentido exato do termo, pois é o produto de uma comunidade. Não é questão de negar que o Palatino e seus arredores tenham sido ocupados antes do século VIII a.C.: isso ocorreu, como já vimos, e a lenda não diz nada de diferente quando menciona Evandro e Caco... No entanto, uma muralha é uma estrutura, por assim dizer, factual, que introduz uma cesura no tempo e no espaço. Além disso, parece que as grandes pedras encontradas entre os materiais do muro correspondem a mudanças de orientação, o que permitiria ver nisso a marca de uma delimitação preparatória. Assim, A. Carandini nela reconhece o traço do momento exato e do próprio rito da fundação romuleana. Em todo caso, o episódio romano se insere totalmente no fenômeno geral de estruturação defensiva que caracteriza então o Lácio. Aliás, é impressionante constatar, com A. Ziolkowski, que o território dos *habitats* laciais dos períodos IIIB/IVA, tal como reconstituído pelos arqueólogos, corresponde de modo bastante preciso aos já conhecidos nas cidades latinas dos períodos históricos. Como observa esse estudioso, trata-se da prova de que a cidade nasce no Lácio a partir da segunda metade do século VIII a.C. Da mesma forma, nem o Comitium nem o santuário de Vesta parecem mais ser condições prévias para o nascimento da povoação: o templo talvez seja somente o produto de uma influência grega, já então há muito efetiva no sítio romano, como se sabe; quanto ao Comitium, lugar de reunião da nova fortificação palatina, estaria antes situado nas "antigas cúrias", *curiae veteres*, localizadas ao pé do Palatino, perto do Arco de Constantino. Entretanto, os índices de historicidade de uma cidade romuleana e palatina não são todos arqueológicos: a existência de uma porta conhecida como Romana (*Romanula* ou *Romana*) no Palatino prova, em nossa opinião, que a cidade de *Roma* tinha se situado primeiro nessa colina, limitando-se a ela. Existem de fato vários outros exemplos de portas cujos nomes provêm do lugar onde se situam. A lenda romuleana da fundação de Roma tem portanto verossimilhança e consistência históricas.

Assim, formação e fundação não se excluem mais: a primeira permite e prepara a segunda, dando ao sítio romano a massa crítica necessária a novas evoluções. Desde o começo, o papel do Palatino é central. Quanto à preparação do Fórum, ela não marca o nascimento da fortificação, mas antes sua entrada na idade da razão. De nada adianta então destacar que o muro do Palatino não é o primeiro vestígio de ocupação permanente. Pois o que importa é que os romanos decidiram considerar esse episódio – que não era certamente o primeiro e não seria o último – de seu processo de urbanização como o início absoluto – ou quase – de sua história, de sua memória coletiva e de seu espaço-tempo. E isso, sem dúvida, é um fato de consistência histórica.

A partir desse momento, a concomitância entre as cronologias literária e arqueológica da fundação deixa de ser simples coincidência: muitas vezes houve exagero nas variações

As origens de Roma

da primeira, que, com exceção de Timeu e de Ênio, situa-se sempre no século VIII a.C. (Fábio Pictor: 748; Políbio: 751; Ático, depois Varrão: 753; Cíncio Alimentus: 728). Ora, como O. de Cazanove demonstrou, a data da fundação de Roma foi a referência prévia para determinar, em função da data do advento da República, a duração canônica de 244 anos atribuída ao período monárquico. Essa duração não resulta, em efeito, como se diz frequentemente, de um total de sete gerações de 35 anos, pois que na versão mais antiga da tradição, a monarquia se prolongou por seis, e não sete gerações (Tarquínio, o Soberbo, sendo filho, e não neto de Tarquínio, o Antigo). A data da fundação de Roma é portanto um dado primordial. De um modo ou de outro, Roma conservava a memória de sua fundação, comemorada a cada ano com a festa dos *Parilia* e perpetuada no próprio Palatino, na zona sudoeste, onde as escavações revelaram um *habitat* lacial, com povoados de nomes evocadores: Luperca, *Roma quadrata* e a *casa Romuli*, cabana de tipo proto-histórico que permanecerá devotamente conservada até o fim do Império. Os romanos tiveram mais cedo do que se acreditava a capacidade de fixar por escrito certas informações. Deixando de lado os famosos *Annales pontificales*, que não parecem ter começado antes da era republicana, vamos aqui evocar uma descoberta recente: um fragmento de vaso do fim do século VII a.C. e encontrado em 1977, em Ficana, traz, inscrito em caracteres romanos (sem dúvida, de origem etrusca), o número 54...

É evidente que muitas interrogações subsistem: citemos especialmente as que se referem à descoberta recente de várias tumbas nos escombros da primeira muralha do Palatino (onde, aliás, numerosas fossas sepulcrais acabam de ser identificadas). Ora, a muralha do Palatino tinha sido assimilada ao *pomerium*, o limite sagrado em cujo interior era proibido sepultar os mortos. Seria possível explicar, como A. Carandini e D. Briquel, os túmulos na muralha como traços de sacrifícios humanos destinados a expiar sua demolição, sacrifícios cuja lembrança seria conservada pelo mito de Remo? De outra parte, as tumbas no interior da colina seriam mais antigas que as da muralha, ou será necessário pôr em discussão, se não a identificação do muro com o *pomerium*, ao menos a definição original desse último? A progressão das pesquisas trará sem dúvida

AS ORIGENS DE ROMA

novas respostas. Desde já, pode-se ver em Fidenes, bem perto de Roma (Villa Spada), a reconstrução idêntica de uma cabana da fase IIIA descoberta no local: suas paredes de pau a pique, contornadas por pilares de madeira que sustentavam a estrutura, e seu teto coberto de sapé permitem imaginar o aspecto das choupanas de que essa primeira Roma foi formada.

O episódio sabino constitui o outro polo da lenda romuleana. Vê-se nele, em geral, a representação simbólica, e focalizada no primeiro reinado, de um feito provável de civilização: a influência de um povo sobre outro, pois os sabinos eram vizinhos dos romanos, sem nenhum obstáculo geográfico maior a separá-los. Jacque Poucet interpreta-o mais precisamente como a transposição lendária de acontecimentos posteriores: uma situação de guerras endêmicas entre sabinos e romanos caracteriza com efeito o fim do século VI e o V a.C.; em 504, o nobre sabino Ato Clauso vem instalar-se em Roma com uma comitiva numerosa; em 460, seu compatriota Ápio Herdônio chega a apossar-se do Capitólio. Assim, a lenda teria situado nos tempos das origens da cidade uma história que na realidade era muito mais tardia. É verdade que não se poderia mais considerar a dualidade dos ritos funerários (cremação e inumação) no sítio romano como a prova de uma diferenciação étnica. Entretanto, é verdade também que o espaço romano parece ter guardado os traços de uma bipartição original: duas confrarias religiosas entre as mais antigas da cidade, os sálios e os lupercos, eram divididas em dois colégios, um no Palatino, outro no Quirinal. A. Ziolkowski mostrou, aliás, que os templos da Roma republicana se repartiam essencialmente nas duas colinas, e a importância dessa observação reside no fato de que ela nada deve à tradição literária. Desde 1993, M. Pallottino destacava, do ponto de vista de uma eventual dualidade romano-sabina, o interesse de pesquisas geológicas que mostrem a realidade da verdadeira cisão topográfica que o vale do Fórum constituía na era lacial. Por todas essas razões, a questão da historicidade do episódio sabino deve sem dúvida ser colocada: seria necessário ver então como esse dualismo original poderia conciliar-se com a tripartição institucional estabelecida pelos três tribos romuleanas.

Perguntamo-nos agora se, para os reinados seguintes, também é possível passar da lenda à história. A resposta seguramente difere segundo os casos. J. Heurgon atribuía aos meios sacerdotais uma grande influência na imagem de Numa apresentada pela tradição, o que é uma hipótese muito plausível. Pode-se ir mais longe e dar novamente alguma realidade a esse reino eminentemente religioso? Inegavelmente, a arqueologia identifica um fenômeno que corresponderia a essa tradição: perto do fim do século VII a.C. aparecem os primeiros depósitos votivos e começam a ser organizados os espaços sagrados. No entanto é verdade que, segundo a cronologia literária, o fenômeno teria se produzido no início, e não no fim daquele século. Será preciso então verificar se as evoluções atuais na cronologia lacial, ou a identificação em campo de eventuais precedentes (o que se descobre atualmente sob a mansão das Vestais), poderiam reaproximar lenda e história nesse caso? No mais, as lendas sobre Numa refletem influências helenizantes, que datam de contatos posteriores de Roma com a Magna Grécia e que foram frequentemente revelados.

Tulo Hostílio é tido, antes de tudo, como destruidor de Alba: entretanto, Alba nunca existiu! Os montes Albanos foram, como vimos, uma região próspera e povoada, especialmente nas primeiras fases laciais, mas tratava-se de uma federação de vilarejos, e não de um centro único. Pesquisas aprofundadas nos permitiram demonstrar que ao diagnóstico da arqueologia, que revela a dispersão desses *habitats*, responde o da filologia, mostrando que os próprios antigos não sabiam onde ficava Alba e propunham várias localizações diferentes. É a grande festa congregante do *Latiar*, celebrada anualmente no monte Albano, em um lugar não urbano, que lhes tinha feito imaginar uma cidade desaparecida, de que apenas o santuário principal teria sobrevivido – exemplo típico de etiologia religiosa. Essa *Alba* era chamada *Longa* porque lhes parecia estendida sobre toda a zona ocupada por múltiplos vilarejos que margeavam o lago albano, na realidade distintos uns dos outros. A inexistência de Alba não implica, no entanto, a de Tulo Hostílio. O nítido crescimento que experimenta Roma a partir da metade do século VII a.C. deve, em grande parte, ocorrer a partir do viveiro albano: a demografia histórica estabelece com efeito que as sociedades antigas têm um crescimento

AS ORIGENS DE ROMA

natural muito fraco. Pode-se então presumir que conflitos entre romanos e latinos levaram a deportações forçadas desses para o local romano. Aliás, contrariamente ao que se poderia crer, o gentílico Hostílio, registrado epigraficamente, pertence à onomástica arcaica. O Comitium, edifício identificável como a *curia Hostilia* dos textos, tem uma primeira versão datada do século VII a.C., é verdade, por um período mais tardio que o atribuído ao terceiro rei de Roma. Quanto ao *Tigillum Sororium*, mencionado a propósito do retorno de Horácio, a pesquisa contemporânea pôde localizá-lo: o monumento encontrava-se ao pé da Vélia e deve ser relacionado com a fortificação (*murus terreus*) que Varrão havia ainda visto nos Carines; tratava-se de uma porta de Roma anterior à reorganização sérvia.

O reino de Anco Márcio encerra o período latino-sabino da monarquia romana: nos anos 1970, havia-se acreditado encontrar a melhor prova de sua historicidade com a descoberta do sítio de Castel di Decima, onde se localizava Politorium, quando ali se procuravam – em vão, aliás – as provas arqueológicas da tomada da cidade por esse rei. Na realidade, Castel di Decima, que revelou o esplendor do Lácio oriental, deve antes, como o propôs recentemente F. Coarelli, ser identificada com outra cidade chamada Solônia. É na lógica geral da lenda que se devem procurar os indícios de uma história real: colocados no mapa, os sítios latinos mencionados pela tradição a respeito de Anco Márcio mostram que seu reinado é o da descida para o mar, de conquista da planície litoral por Roma. A tomada de controle dos tráfegos ligados ao sal aparece como um dos elementos que podem explicar iniciativas aparentemente díspares, como a criação da ponte Sublicius, a fortificação do Janículo e a fundação de Óstia (cujo sítio foi, contrariamente ao que se pensou por muito tempo, visitado desde a proto-história). É verdade que por enquanto, no terreno, apenas as descobertas recentes em Roma, no Tullianum (lugar da prisão), poderiam coincidir com a lenda. Entretanto, a coerência – que não ousamos dizer geopolítica – dessa última tem sem dúvida um valor histórico. Se é um quadro artificial criado pela tradição (o que se acreditaria de melhor grado caso fosse traçado e destacado por ela, e não reconstituído pela pesquisa moderna), é impressionante em todo caso ver o quanto ele corresponde

As origens de Roma

aos desenvolvimentos da civilização lacial revelados pela arqueologia.

Com Tarquínio, o Ancião, começa o que se chama frequentemente de monarquia etrusca, em função da origem atribuída a esse rei e a seu sucessor de mesmo nome. Por muito tempo, foi dito que Roma havia começado a existir como cidade apenas com os etruscos, a partir do fim do século VII a.C. O próprio nome de Roma era então considerado etrusco. Ora, a tendência atual é de redimensionar claramente o papel dos etruscos no desenvolvimento de Roma, cujo nome hoje é preferencialmente ligado a uma origem latina ou itálica. É que nunca houve nação etrusca unida, mas somente uma variedade de cidades, sempre divididas; sobretudo, percebe-se cada vez mais o caráter etnicamente aberto das sociedades da Itália arcaica. Nesse sentido, a chegada a Roma de um etrusco – aliás, metade grego, como Tarquínio – corresponde a situações atestadas um pouco em todos os lugares na península, por inscrições tanto etruscas quanto latinas. De fato, a tradição literária apresenta a partida de Tarquínio para Roma como a iniciativa privada de um indivíduo, e não como a invasão de um exército. Na realidade, a arqueologia mostrou que a

Roma arcaica pertencia à mesma civilização que as cidades etruscas (o que, depois de S. Mazzarino, passou a ser chamado de *koinè* etrusco-itálica). Simplesmente, as segundas, fechadas ao mundo externo, guardarão a marca dessa cultura por muito mais tempo que a primeira, engajada a partir de século V a.C. em uma mutação profunda. É por isso que os analistas romanos, ao encontrarem em suas fontes certos traços arcaicos, terão a impressão de que eles são de origem etrusca. A arqueologia não coloca em questão, aliás, a contribuição etrusca, mas mostra antes que ela está presente desde os inícios de Roma, com, em particular, uma nítida influência de Veios no século VIII. Ora, a tradição literária, como observa T. J. Cornell, destaca a preco-cidade da influência etrusca, ao mencioná-la desde os tempos de Rômulo. Não se falará portanto de uma Roma etrusca, mesmo se um dos bairros da cidade era chamado *Vicus Tuscus* [Bairro Etrusco]: em pleno VI a.C., a inscrição pública do *Lapis niger* é redigida em latim, sinal da autonomia linguística – e sem dúvida política – da cidade. Há tam-bém, é verdade, várias inscrições, em geral fragmentárias, redigidas em etrusco, mas que são de ordem privada. Por todas essas

As origens de Roma

razões, irá se afastar a ideia de uma monarquia etrusca, mesmo que a origem etrusca dos Tarquínios pareça um fato incontestável. A aparição do primeiro rei com esse nome inaugura, na lenda, um período que se pode considerar em bloco, visto que ele termina, um século mais tarde, com um segundo Tarquínio, cujo reinado reproduz muito dos traços do primeiro.

Há algumas décadas, a tradição sobre os três últimos reis de Roma é cada vez mais considerada como fato histórico, ainda que seja distorcido. É que se dispõe aqui de fontes externas e frequentemente mais antigas que os textos: trata-se, inicialmente, de afrescos na tumba de François, datadas de IV a.C., onde vemos afrontarem-se personagens cujos nomes correspondem aos da lenda: um *Macstrna* liberta um *Caile Vipinas*, que tem como um de seus adversários *Tarchunies Rumach*. Pois bem: sabe-se, por um discurso do imperador Claudio, citando fontes etruscas, que *Mastarna* era o nome dado pelos etruscos a Sérvio Túlio, informação da qual não há motivo para se duvidar, como às vezes acontece. Há muito tempo reconheceu-se sob o termo etrusco *mastarna* a transformação do latim *magister*: sinal do papel eminente desempenhado em Roma por Sérvio ou pelo chefe Caele, admitindo-se como verdadeiro, segundo uma hipótese de M. Pallottino, que o sufixo de *mastarna* designa uma relação de dependência. Assim, Tarquínio de Roma, Sérvio Túlio-Mastarna, Caele Vibena tomam consistência histórica. Paralelamente, a arqueologia do sítio romano, mostrando a realidade da transformação urbana de Roma no século VI a.C., vem confirmar a lenda que, como vimos, atribui aos Tarquínios uma obra considerável nesse domínio. Sobre um plano mais geral, a descoberta, pela epigrafia, da mobilidade das elites arcaicas, assim como a importância das influências grega e notadamente coríntias, na Etrúria, trazem um esclarecimento valioso à lenda dos Tarquínios. Trata-se, aliás, não de tomar a tradição ao pé da letra, mas de compreender o mecanismo e os motivos de suas afirmações. É assim evidente que, concentrando-se mais de um século de história em apenas três reis, ela no mínimo mentiu por omissão: na realidade, Roma deve ter tido não dois, nem um único como se pensava antes, mais bem mais reis com o nome de Tarquínio.

Célio Vibena é um bom candidato ao papel já conhecido dos antigos, de oitavo rei

AS ORIGENS DE ROMA

de Roma. A tradição erudita atribuía-lhe um irmão chamado Aulo: pois bem, esse nome se encontra em dois vasos etruscos de VI e V (ou IV a.C.?) e, no fim da monarquia, Porsena também poderia muito bem ser um desses "reis escondidos". A erudição antiga se lembrava, com efeito, que ele tinha tomado Roma e a havia forçado a um tratado desigual, o que os anais disfarçaram em uma oferta de paz da parte do rei, e o mostram renunciando nobremente ao cerco de Urbe: é mais provável que Porsena tenha querido tomar o lugar dos Tarquínios e, como o confirma a *Crônica de Cumes*, cidade aliada aos latinos, opor-se por isso à liga latina. Adivinham-se, portanto, reis mais numerosos que o trio da tradição, reinados interrompidos, tomadas de poder violentas, ocupações mais ou menos prolongadas, de Roma ou de algumas de suas colinas (o Célio), por exércitos de *"condottieres"* (J. Heurgon). É porque as incertezas da tradição literária, que trazem assim o traço de profundos remanejamentos, conjugados aos da arqueologia, tornam ilusória, sem dúvida, a busca de correspondências muito precisas entre o relato dos anais e os resultados das escavações. Lembramos que a transformação do vale do Fórum em espaço público graças aos aterros prévios, que puderam dar-lhe sua função e sem dúvida o nome de *Forum Romanum*, é datável de cerca de 625 a.C., até mesmo um pouco antes: ela é portanto anterior à chegada ao poder de Tarquínio, que a tradição, em sua primeira versão, talvez não datasse antes de 580. É igualmente embaraçoso não se encontrarem no terreno traços da *Cloaca maxima*,[12] ao que parece não anterior ao século V a.C., embora permaneça incontestável a importância dos trabalhos de canalização e drenagem realizados em Roma a partir do fim do século VII a.C. Talvez eles tenham levado a tradição a focalizar sobre uma única obra, em uma espécie de amplificação retórica e simbólica, a lembrança de intervenções ao mesmo tempo mais modestas e mais numerosas.

O que dizer ainda da total ausência de provas do uso romano da moeda no século VI a.C.? Pode-se recusar sem outra forma de processo a lenda da introdução da moeda em Roma por Sérvio Túlio. Entretanto, H. Zehnacker revelou o valor – pré-monetário, seguramente – da posse do bronze na Roma

---

[12] Nome dado ao maior sistema de esgoto do mundo então conhecido. (N.T.)

AS ORIGENS DE ROMA

arcaica, onde é signo de *status* social, e propõe interpretar a reforma que a tradição atribui ao rei como a decisão de utilizar uma unidade de peso comum a toda a cidade: a libra. Portanto, não é ainda a criação de uma moeda, mas a primeira, e decisiva, etapa nessa direção.

Em outro local, no Capitólio, a lenda parece hoje esclarecida por pesquisas recentes que provam a amplitude do gigantesco nivelamento realizado em VI a.C. para terraplenar a depressão entre os dois cumes primitivos da colina e permitir, na superfície assim igualada, a construção de um grande santuário. A importância e a duração da operação explicariam o motivo pelo qual os anais tenham atribuído a construção do templo de Júpiter aos dois Tarquínios, por uma repetição que parecia até aqui artificial: é que a edificação do templo políade teria sido, assim como a de uma catedral, obra não de um monarca, mas de uma dinastia. De resto, as esplêndidas estátuas de terracota (em especial um Apolo) descobertas em Veios no início do século passado (e expostas no Museu da Villa Giulia) tornam muito verossímil a lenda de que a decoração do templo capitolino teria sido feita por um artesão daquela cidade.

O relato antigo liga a construção do templo capitolino à tomada da rica cidade de Suessa Pomécia – que, segundo M. Steinby, seria o primitivo nome de Sátrico. A realidade, agora provada, de grandes trabalhos realizados no Capitólio reforça indiretamente a imagem, cara à lenda, de uma Roma poderosa no Lácio. Permanece, entretanto, a questão mais geral sobre as relações da Urbe com os povos vizinhos, sobretudo latinos. A pesquisa atual apraz-se em evocar, segundo uma expressão de G. Pasquali (1936), a "grande Roma dos Tarquínios". Tratando-se da cidade em si, essa fórmula é, como vimos, bem pouco contestável; o problema é saber o que daí se pode inferir para o todo o Lácio. O grande historiador A. Alföldi (1965), referindo-se ao papel modesto (segundo a tradição) da cidade no século V a.C., negava com veemência que um século antes, ao tempo de seus reis, Roma pudesse ter sido poderosa para o exterior. De fato, A. Piganiol tinha, havia muito tempo, demonstrado que o romanocentrismo exclusivo dos anais leva com frequência a apresentar como romanas certas iniciativas e vitórias que na verdade teriam resultado de ações conduzidas em comum por romanos e latinos. No entanto, a

As origens de Roma

história não é sempre linear (o século V a.C. não prova nada, portanto) e, sem dúvida, as novas descobertas arqueológicas feitas em Roma mudam a situação. Não se pode negar que há, para um Estado, muitas maneiras de controlar uma região e muitos graus na intervenção externa; se, entre os especialistas atuais, uns (nosso caso) validam o esquema de uma dominação romana exercida diretamente sobre os latinos, graças notadamente à liga do santuário de Ferentina, outros o recusam: E. Gabba (2000) destaca assim os sinais de fraqueza de Roma, detectáveis nas cláusulas do tratado concluído com Cartago em 509 a.C. A discussão permanece, portanto, aberta.

De qualquer maneira, Roma se transforma muito no fim dos séculos VII e VI a.C., particularmente no Fórum, onde a tradição situava o combate entre romanos e sabinos assim como a tumba de Rômulo; no Capitólio, onde o fundador passava por criador do templo de Júpiter Ferétrio e onde ele teria tido uma morada; e no Palatino, a colina pioneira e romuleana entre todas. As intervenções tarquino-sérvias nos locais "romuleanos" são tão importantes que levam hoje muitos eruditos a pensar que a lenda de Rômulo seria uma invenção dos reis do século VI a.C. A prova literária dessa criação relativamente tardia da lenda seria dada pelo fato de que o reinado de Sérvio Túlio apresenta, com o de Rômulo, analogias fortemente destacadas pela tradição. Assim, Rômulo estaria completamente na área do mito e nada deveria à história. Não se trata, evidentemente, de negar a parte do mito nas tradições sobre o primeiro rei de Roma: ela está evidente nos temas como o dos gêmeos, o animal-totem, a virgem filha de um deus, a salvação das águas, o fratricídio e a ressurreição, temas cuja estranheza fornecerá mais tarde tantos argumentos aos adversários de Roma, sejam eles etruscos, gregos, cartagineses ou gauleses. Entretanto, a lenda de Rômulo não é apenas um composto de mitos universais, de atmosfera aliás bem mais próxima da pré-história que da *koinè* etrusco-itálica; ela é também enraizada em um tempo e em um espaço que são os de Roma. Haveria muitas objeções a opor a essa concepção que volta a propor, sutilmente, um retorno à datação usual do nascimento de Roma nos séculos VII e VI a.C. Vamos nos contentar aqui em remeter aos dados de fato mencionados antes: ver na lenda de

As origens de Roma

Rômulo uma invenção arcaizante e tardia equivale a ignorar essas novas descobertas. A bem da verdade, o que parece em jogo é a definição comum do mito como antítese da história, à qual ele se oporia, tal como o falso ao verdadeiro, o nada ao ser. De fato, a transformação do real em mito é um traço fundamental de uma sociedade primitiva como a Roma arcaica. Ora, essa passagem da história à lenda não é, contrariamente ao que se acredita com demasiada frequência, um processo posterior aos acontecimentos. A etnologia e a antropologia histórica invalidam o esquema por demais simples que procede, em última análise, da condenação aplicada antigamente à lenda romana pela hipercrítica e pelo positivismo. A primeira Roma é ideologicamente um mundo do eterno retorno a partir de uma fundação da cidade que vale como criação do mundo: o mito anuncia e prepara a história, que só é vivida e interpretada por meio dele, em um recomeço sem fim. Eis por que o mito romuleano apresenta tantos aspectos vindos do mais longínquo passado, enquanto fornecerá aos romanos, durante todo o período monárquico – e para além dele –, o quadro pelo qual eles poderão pensar sua história como um destino providencial. A lenda do fundador é portanto instrumento ideológico e religioso da expansão da cidade: localizados principalmente no Palatino, nos monumentos romuleanos como o *mundus*, a Roma quadrada, a figueira Ruminal, a estátua da loba e o observatório augural serão também, quando a cidade crescer, em outros lugares, seja no Fórum ou no Campo de Marte.

Não se passou muito tempo do seu reinado até a figura de Sérvio Túlio ser assimilada à de Rômulo; muito provavelmente, o próprio rei reformador, com seus adeptos, teria se apresentado a seus contemporâneos como um novo fundador da cidade. Essas considerações valem também para os outros reis de Roma: na melhor das hipóteses, poder-se-ia dizer que é precisamente o caráter lendário que garante sua existência histórica! Esse aparente paradoxo encontra uma confirmação indireta no tratamento que a lenda reserva à revolução pela qual termina a monarquia romana: numerosos indícios, em particular epigráficos – com a descoberta, em Sátrico, em 1977, de uma inscrição que leva o nome de Poblícola do início do século V a.C. –, levaram, com efeito, os pesquisadores a abandonar a ideia,

AS ORIGENS DE ROMA

outrora privilegiada, de uma passagem progressiva ao regime consular, terminado somente em cerca de 450 a.C. A lista dos cônsules, legada por inscrições (chamadas *Fastes*) – tardias, é verdade –, fixa, aliás, o início da República meio século mais cedo. De acordo com a lenda, hoje se acredita que a monarquia sofreu um término súbito e violento em Roma, bem no fim do século VI a.C. Tal mudança de regime marcava uma nova etapa decisiva na história da cidade: ora, sem dúvida, não é por acaso que esse período perturbado seja precisamente aquele cuja narrativa é a mais carregada em mitos – com exceção do primeiro reinado, cujo caráter lendário revela, finalmente, mais do que esconde, a importância histórica. Por ter sido primeiramente enraizado na realidade de um tempo e de um espaço, o mito romuleano acompanhará toda a história da cidade: muito mais tarde, Otávio irá se apresentar como um novo fundador, e, bem mais tarde ainda, a fundação de Constantinopla repetirá a de Roma.

7
A ROMA DAS ORIGENS: OS DEUSES, OS HOMENS, O REI

Saber o que se passou nas origens da cidade só é possível se nos limitarmos às grandes etapas de seu desenvolvimento, pois o detalhe dos acontecimentos, das datas e das pessoas está a maior parte do tempo fora de alcance. Em compensação, a documentação atualmente disponível e as pesquisas realizadas sobre as fontes literárias tornam totalmente acessível – considerando-se a ampliação das problemáticas trazidas pelo impulso das ciências humanas há um século – a análise das realidades religiosas, sociais e institucionais da primitiva Roma.

Comecemos pela religião, para lembrar que ela é, nos tempos proto-históricos, um fato social total, em que se exprimem e se refletem todas as formas da atividade e do pensamento humanos. Assim, não há então – e a bem da verdade não haverá sem dúvida nunca na história de Roma – separação possível entre o que seria religioso, de um lado, e o que seria de ordem simplesmente política, de outro: tudo o que é religioso tem significação ou implicações políticas, e tudo o que é político (e, poder-se-ia acrescentar, social) tem uma tradução no plano religioso. É precisamente porque a religião estrutura o conjunto da sociedade que se tem o direito de pesquisar se ela manteve traços de um fenômeno tão importante como o nascimento da cidade. Antes, seria necessário também poder recolocar essas evoluções no quadro mais geral da religião romana arcaica, ou antes das religiões da Itália central nas épocas proto-históricas, mas nós podemos dar aqui apenas algumas indicações rápidas. Destaquemos, mais uma vez, o caráter lacunar e incerto da documentação. Se se abstraem as múltiplas teorias modernas e suas sucessivas refutações – que lhe sobrecarregam o estudo com demasiada

As origens de Roma

frequência –, as religiões latina e romana arcaicas permanecem pouco conhecidas. Há com certeza muitos textos antigos que tratam dos cultos romanos, mas eles são tardios e veiculam sem dúvida tanto as ideias de seus autores como informações objetivas. Uma religião também evolui com o tempo e é muitas vezes delicado distinguir o que é mais do que é menos antigo. Sabe-se melhor, a bem dizer, o que a religião das épocas laciais *não era* do que o que ela *era*, e cessou-se de descrevê-la *a priori* como primitivista, naturalista e pré-deísta.

Na realidade, os inícios da civilização lacial se situam em uma fase já avançada do desenvolvimento das sociedades humanas em torno da bacia mediterrânea, e bem após "a revolução do Eneolítico". Tudo leva a pensar, nesse Lácio do fim da Idade do Bronze, em sistemas de crenças e de ritos particularmente complexos. O rito da cremação é um bom exemplo. Desde as duas primeiras fases laciais, ele põe em obra uma semântica muito elaborada que não se encontra em seguida com a mesma coerência: associada à miniaturização do mobiliário funerário, a urna-cabana é com efeito um objeto ao mesmo tempo realista e simbólico.

Em uma dezena de casos, ela é acompanhada por uma estatueta, provável representação do defunto. No entanto, a significação do rito está longe de ser evidente: se ali é vista geralmente uma maneira de glorificar o morto, como uma forma de compensar a destruição causada pela cremação, A. M. Bietti Sestieri, após suas descobertas na Osteria dell'Osa, interpreta-o antes como, ao que tudo indica, uma precaução tomada pelos vivos para se proteger do perigo representado pelos mortos, o que explicaria, em particular, a miniaturização das armas durante as duas primeiras fases laciais. Em seguida, com a passagem à inumação, outros ritos, como o que ele chama deposição liminal (que consiste em deixar a sepultura aberta de início para acelerar a decomposição do corpo), traduziriam a mesma precaução. Pode-se medir, por esse exemplo, de cuja existência não se poderia ainda suspeitar há alguns anos (as fontes literárias nada dizem a respeito), o quanto nossos conhecimentos sobre o fato religioso nas origens de Roma permanecem incompletos. É certo, em todo caso, que a influência latina é muito importante – como o afirma, aliás, a tradição literária: os montes Albanos, sozinhos, deixaram

AS ORIGENS DE ROMA

mais da metade das urnas-cabanas de todo o Lácio. Ao contrário do que se dizia até há pouco tempo, a religião dos períodos laciais é rica em mitos quando comparada ao que se constata na Grécia. Na realidade, é a interpretação grega, como se diz (*interpretatio graeca*), que se acelerou a partir do século VI a.C. a ponto de dar frequentemente uma nova identidade às velhas divindades e de relegar a mitologia autóctone à sombra. No entanto, a pesquisa atual tende, ao contrário, a retomar a riqueza dessa última, em torno de figuras divinas como as de Fauno, deus da natureza selvagem, tornado às vezes Silvano, deus da floresta; de Janus, deus dos começos, ou de Vulcano, deus do fogo. Entretanto, muitos outros deveriam ser citados, como Saturno, Carmenta, Flora, Larentia, Liber e Ana Perena, sem esquecer os anônimos – sem nome, mas não sem importância –, que são os Lares ou os Manes. Essa lista, muito incompleta no fim das contas, é o retrato de uma religião prolífera, particularmente atenta ao culto dos mortos, assim como às forças da natureza e a seus ritmos, quer se trate da vida pastoral ou (em uma segunda fase, sem dúvida) agrícola. A *interpretatio graeca* começa, aliás, bem cedo: o santuário do *Lapis niger*, considerado um templo de Vulcano por F. Coarelli, forneceu um fragmento de vaso grego, datado de cerca de 570 a.C., no qual se vê Hefestos (o equivalente grego de Vulcano) chegando ao Olimpo. Sob a religião romana arcaica, entrevê-se a, ou antes, as religiões dos povos latinos, sem que se possa de fato, na maioria das vezes, reconstruir precisamente o panteão próprio a cada uma delas. Todo politeísmo é, por natureza, ao mesmo tempo assimilador e diferencial; por essa razão, é sempre difícil identificar exatamente a área de ação de muitas dessas divindades – que muitas vezes não passam de nomes para nós –, e é sempre perigoso estabelecer equivalências funcionais entre elas. Pode-se, ao menos, observar o lugar que os deuses vindos de fora ocupam nesses cultos antigos; a força de assimilação das religiões da Itália arcaica foi um dos ensinamentos das descobertas feitas em Pyrgi, onde a mesma divindade é venerada conjuntamente pelos signatários de um tratado, sob os nomes de Astarte e de Uni. Na própria Roma, a presença de Hércules no Fórum Boarum – talvez mesmo anterior à cidade palatina – é prova, sem dúvida, das influências vindas de Chipre ou

As origens de Roma

da Fenícia. As tumbas laciais dos séculos VIII e VII a.C. não exibem em abundância (em Preneste, por exemplo) objetos vindos desses longínquos horizontes? Uma deusa como Fortuna, adorada também no Fórum Boarum, apresenta, aliás, aspectos curiosamente orientais.

O dossiê dos deuses aos quais os antigos atribuíam, sem que possamos ou não lhes dar razão, uma origem sabina – especialmente Quirino – deve ao menos ser mencionado nesse contexto, como também o caso de Vesta, que pode (deve?) ser relacionada à deusa grega Héstia. No Fórum, encontrava-se uma estátua do deus Vertumne na qual se reconhece em geral o grande deus etrusco Voltumna. Em suma (e haveria muitos outros exemplos possíveis), Roma se mostra acolhedora em relação aos deuses de outros povos, assim como ela o é em relação aos estrangeiros – quer se trate dos foras da lei que se juntaram a Rômulo, ou do etrusco Tarquínio, que chegou à Urbe com sua família; certamente não é um acaso se a cidade dos deuses é tão aberta como a dos homens. Entretanto, nos dois casos, a acolhida visa à assimilação total: Tarquínio torna-se rei de Roma, e somente os atuais especialistas da história das religiões estão em condições de detectar a proveniência estrangeira desse ou daquele deus.

A religião latina e a romana, que aqui consideraremos das origens (para ser sucinto, porém inexato), mostram-se também particularmente aptas a forjar personalidades divinas com base no que chamamos de abstrações personificadas: *Ops*, a Abundância, é sem dúvida alguma muito antiga, assim como *Consus* (que designa a colocação de cereais em silos), *Fides*, a Boa-Fé, *Ceres*, a germinação das plantas, *Mercurio* (em que se identifica a palavra *merx, mercis*, a mercadoria), *Venus* (de uma antiga palavra neutra para designar o desejo) e tantas outras ainda, entre os quais *Ferentina*, venerada na desembocadura do canal do lago albano, e que nos parece por essa razão poder ser definida como uma deusa provedora (do verbo *fero*) da água... Enfim, um dos traços da antiga religião romana é a presença de aspectos que se podem chamar mágicos – se bem que a palavra e o conceito sejam reservados pela pesquisa moderna à esfera privada. O rito dos feciais relatado por Tito Lívio (I, 24, 7-8) oferece um célebre exemplo disso: esses sacerdotes romanos celebravam a conclusão

AS ORIGENS DE ROMA

dos tratados por meio do sacrifício de um porco, executado com um machado de sílex, a um Júpiter Lapis (pedra) no qual se pode identificar o Júpiter Ferétrius da lenda de Rômulo. Ao cumprir esse sacrifício, os sacerdotes pediam em voz alta que o eventual perjúrio, ainda que cometido pelo povo romano, fosse batido por Júpiter como eles batiam no animal. De acordo com A. Magdelain (1995), pode-se ver que

> a execração contém um encadeamento mágico que não devemos hesitar em chamar de primitivo: o perjúrio será fulminado da mesma maneira que o porco é morto pelo sílex, que é o próprio raio.

Assim, qualquer ato cultural consagra uma maneira de contrato passado entre os deuses e os homens; trata-se de formulá-lo e respeitá-lo escrupulosamente. A busca da maior exatidão nos enunciados, um rigoroso formalismo, a frequência dos imperativos, um nítido conservantismo semântico: características tanto da prescrição religiosa quanto, uma vez chegados os tempos da urbe, do direito e sua linguagem, que ajudarão a nascer. É por isso também que a perpetuação das fórmulas e dos ritos antigos, garantida pela religião, transmitiu tantas provas extraordinárias sobre os primeiros desenvolvimentos da cidade romana. Os deuses estiveram presentes desde muito cedo no sítio romano: sem falar do próprio nome da cidade, que poderia ter origem na deusa Rumina, os nomes de várias das colinas do Tibre remetem às divindades que provavelmente ali eram veneradas: o Palatino evoca Palatua, o Capitólio tinha se chamado primeiro monte de Saturno (*Saturnius mons*), e o Aventino, monte de Murcia (*mons Murcus*), enquanto o Janículo e o Quirinal são dedicados a Janus e a Quirino.

Porém, o primeiro documento verdadeiramente esclarecedor é trazido por Plínio, o Antigo, em sua *Encyclopedia* (*História Natural*, III, 69): trata-se da lista dos povos do Lácio que participavam, no monte Albano, do grande sacrifício anual chamado *Latiar*. Muitos dos 31 nomes são desconhecidos de outra forma e foram objeto de numerosas hipóteses (lista completa no artigo da *Révue des études latines*, 1999). Uma dupla constatação se impõe, entretanto, do ponto de vista das origens de Roma. A Urbe está ausente dessa relação, visto que seu nome nela não figura, mas está presente sob a forma de nomes como os velienses (mas por que a Vélia, e não o Palatino?) e sem dúvida também os *querquetulani* e os *sacranes* (que proponho no lugar dos *macrales* da lista). As mesmas observações valem para Tibur, que aparentemente é, com Roma, o sítio mais bem representado nessa listagem que parece abranger, se não todos os povos mais antigos do Lácio, ao menos os que deviam velar sobre as marchas da região ou sobre seus locais mais importantes. A lista é anterior, em todo caso, ao surgimento da cidade no Lácio, mesmo se com demasiada frequência procurou-se transformar os nomes dos povos – melhor dizendo, de povoamentos – em nomes de cidades. Por essa razão, se antigamente ela era datada do século VII a.C., hoje é situada entre os séculos X e VIII a.C. Mesmo os especialistas que pensam tratar-se de um documento produzido ou retrabalhado em sua composição por Plínio ou sua fonte (o próprio Augusto, retomando talvez Varrão) destacam que ela contém provavelmente uma parte de nomes autênticos. Roma ainda não existe na época que esse documento descreve, mas seu sítio e seus arredores já estão ocupados por pequenas comunidades que, em sua totalidade, veneram Júpiter Latiaris, o deus comum à federação latina. É, no plano da filologia e da religião, uma confirmação trazida à arqueologia que, por sua vez, mostra às margens do Tibre o aspecto albano dos vestígios das duas primeiras fases.

O segundo documento – pois essa é a palavra que convém – também é uma lista, igualmente legada pela erudição antiga e envolve o *Septimontium:*

> Como diz Antistius Labeão, é a festa dos seguintes montes: o Palatino, onde se celebra um sacrifício chamado *Palatuar*; a Vélia, onde se faz igualmente um sacrifício; o Fagutal; a Suburra; o Germal; os montes Ópio e Célio; o monte Císpio.

Essas palavras do dicionário de Festo (Edição Lindsay, p.474), citando um erudito augustano, enumeram não sete, como uma possível etimologia para a palavra *Septimontium* (*septem montes*), mas oito relevos, o que gera incontáveis discussões. Em todo caso, é certo que essa sequência de oito nomes nada tem a ver (apesar dos esforços de Varrão nesse sentido) com a lista das sete colinas de Roma, tornada oficial bem posteriormente. Seu valor reside no fato de

As origens de Roma

descrever uma Roma que ainda não é Roma: dito de outra maneira, um conjunto de colinas (*montes*) cujos habitantes (*montani*) celebram simultaneamente um sacrifício em cada um dos montes (é inútil pensar em uma procissão), em data que os calendários indicarão posteriormente como o Onze de dezembro. Os vilarejos ainda são distintos, mas seus habitantes mantêm relações de solidariedade (como poderia ter sido de outro modo?), que encontram sua expressão no plano religioso. As colinas presentes nessa lista são as que eram designadas pelo nome *mons* (monte); ora, havia, no sítio romano, outros relevos, denominados colinas, *colles*. Essa diferença de terminologia não encontra correspondência no terreno real, devendo ter outra significação: étnica, dizia-se outrora, em referência aos sabinos; cronológica, pensa-se hoje. Em todo caso, as *colles* de Roma são o Viminal e principalmente o Quirinal (e suas vertentes secundárias), isto é, a parte de Roma onde se situam os sabinos, segundo a tradição. A pesquisa moderna divide-se em relação ao sentido que se deve dar à ausência de *colles* na lista do *Septimontium*: seria preciso imaginar, perante os montes, outras comunidades, talvez agrupadas da mesma maneira? O *Septimontium* não marcaria senão uma primeira etapa da organização do sítio romano? Entretanto, nesse caso, como interpretar os traços muito antigos de *habitats* descobertos na região do eixo que unia o Capitólio (excluído do *Septimontium*, apesar de ser *mons*: mais um problema!) ao Quirinal? De outro lado, a lista começa pela menção a dois sacrifícios, executados separadamente no Palatino e na Vélia, o que parece indicar uma preeminência já consolidada dessas duas colinas sobre as demais: será porque o Palatino ainda não se tornara, sozinho, o símbolo máximo de Roma, ou deve-se compreender, ao contrário, que já começara a anexar a Vélia? Em outras palavras: será um indício para situar o *Septimontium* antes da época romuleana ou após esta? A primeira solução hoje prevalece, sobretudo em razão da falta do Capitólio, presente na lenda de Rômulo.

A noção de fundação e a de delimitação sacra (que lhe está ligada) são os traços mais visíveis que a religião romana guardou do episódio decisivo que levou a cidade a atingir a consciência de si. Sem retomar aqui o que foi dito anteriormente, destaquemos a importância, a esse respeito, dos ritos augurais: a

As origens de Roma

fundação e a consulta auspicial dão ao espaço urbano um estatuto particular, que o protege de potências externas, malfeitoras e desconhecidas. A festa purificadora das lupercais, celebrada em fevereiro, conserva a lembrança de um *habitat* romano limitado ao Palatino e a seus arredores imediatos. A lenda a ele ligou a lembrança dos gêmeos fundadores. Quanto à "Roma quadrada" (*Roma quadrata*), parece-nos que esse topônimo designa ao mesmo tempo a plataforma onde o áugure oficia e o território delimitado pelo rito: isto é, primeiro o Palatino e, em seguida, o conjunto do sítio romano, uma vez nivelado o Fórum. O *pomerium* é então aumentado até abranger todas as colinas à margem esquerda do Tibre, exceto a da cidadela do Capitólio (o *arx*, onde o áugure atua) e do Aventino.

Existe uma comprovação religiosa da extensão da cidade – dividida em quatro regiões por Sérvio Túlio –, com o ritual dos argeus (de origem talvez mais antiga), celebrado a cada ano em duas etapas. Vinte e sete capelas (*sacraria*) espalhadas por toda a cidade acolhem, em março, bonecos de vime que, em 14 de maio, são jogados no Tibre pelas vestais. Trata-se ainda de um rito de purificação, mas estendido agora a todo o novo espaço urbano: com os bonecos, são jogadas simbolicamente no rio todas as impurezas rituais da cidade.

A festa do Cavalo de Outubro, celebrada no dia 15 desse mês, ilustra igualmente uma Roma que anexou o Fórum: logo após a corrida de carros, que acontece no Campo de Marte, um dos cavalos da parelha vencedora é sacrificado ao deus Marte. Os habitantes do bairro da *Sacra via* (*sacravienses*) lutam então contra os da Subura (*suburenses*) pela posse dos despojos do animal, que os primeiros levam ao palácio do rei (*Regia*), no Fórum. Marte, a quem o animal é sacrificado, é o deus da guerra, mas também o protetor das colheitas, como no canto dos sacerdotes arvais, transmitido por uma inscrição tardia, mas cuja essência deve ser arcaica.

Se a religião esclarece assim as etapas sucessivas do desenvolvimento da cidade, é porque essas etapas só puderam existir e tomar forma graças a ela, dada a importância social e política que tem então o fato religioso. É por isso que o próprio fato de documentos como a lista albana e as do *Septimontium* e dos argeus, e rituais como o das lupercais e do Cavalo de Outubro, terem sido conhecidos dos eruditos antigos – que,

As origens de Roma

por sua vez, no-los descreveram – tem um valor histórico, e em nossa opinião nada deve ao acaso. Inversamente, é muito pouco verossímil que outras etapas decisivas da urbanização de Roma tenham escapado à memória religiosa dos romanos. Supôs-se recentemente (A. Carandini, 1997) que o próprio *Septimontium* fosse apenas o término de uma longa evolução e que a união dos vilarejos do sítio romano por ele registrada atingiu apenas progressivamente a extensão que conhecemos. Pode-se pensar, então, que nenhuma lembrança teria permanecido no rito ou na toponímia?

A religião lembra-se então do nascimento da cidade, porque é esta que lhe fornece o ambiente em que ela se define como fenômeno coletivo e público: assim, a religião romana arcaica e a cidade iniciante têm um desenvolvimento interdependente. Dos *populi albenses* e seus vilarejos esparsos na Roma das quatro regiões, passou-se dos cultos familiares, chamados gentílicos, aos cultos públicos que demandam o arranjo de espaços e construções específicas. Significativamente, a miniaturização dos objetos deixa de ser empregada nos cultos funerários privados para estar presente nos depósitos votivos dos templos. À geografia dos locais sagrados da Urbe corresponderá uma ordenação do tempo cívico, atestada pela fase mais antiga do calendário romano, descoberta por Mommsen. Esse calendário (chamado de Numa) contém as festas que virão a ser assinaladas em caracteres grandes nos calendários da época republicana e é geralmente datado do século VII a.C. por não mencionar o Júpiter Capitolino (se bem que uma datação mais tardia, no século V a.C., tenha sido proposta, notadamente por J. Rüpke). Aliás, talvez se trate apenas da última codificação, e é impressionante, em todo caso, ver o lugar que ali ocupam as atividades de lavoura. Ele teria sido precedido por um calendário atribuído a Rômulo, com um ano de dez meses começando em março – o que explicaria os atuais nomes do sétimo ao décimo mês (setembro a dezembro) –, mas essa hipótese clássica acaba de ser contestada também pelo mesmo estudioso. Limitemo-nos aqui a constatar que a religião e a cidade são, as duas, organizadoras do espaço e do tempo.

Ambas garantem igualmente a legitimidade do poder e constituem o ambiente da comunidade humana estabelecida em Roma. O que se pode saber da sociedade

AS ORIGENS DE ROMA

romana e de sua organização? Segundo a tradição, a divisão do povo entre patriciado e plebe, que marcará tão fortemente a história da República, remontaria a Rômulo. Entretanto, um dos resultados mais certos da pesquisa moderna sobre a Roma arcaica, cuja trajetória deve ser examinada no livro de J.-C. Richard em *Les origines de la plebe* [As origens da plebe], é ter mostrado que esse dualismo social e jurídico não é inato, mas adquirido: com efeito, sabe-se hoje que ele ainda não existia no tempo dos reis. Isso explica por que vários entre eles tivessem nomes caracterizados como plebeus, e que nem as instituições nem as cerimônias religiosas mais antigas tenham guardado traço dessa bipartição. Seria necessário, por isso, estimar que a tradição sobre esse ponto é totalmente fictícia e ulterior? Não, se for lembrado que o século VIII a.C. é aquele em que se observa o aparecimento das primeiras afirmações de elites da força e da riqueza nas tumbas do Lácio. Além disso, a pesquisa atual estabelece um elo de causalidade entre a emergência das aristocracias e a da cidade: sabe-se hoje que a plebe, como corpo constituído, é mais lenta, nascida progressivamente nos séculos V e IV a.C., da reação contra o poder esmagador das grandes dinastias, que monopolizavam sacerdócios, honras e poderes. Entretanto, os historiadores e analistas dos séculos III e II a.C., que escreviam a história das origens em uma cidade onde o dualismo patriciado-plebe era fundamental, não podiam imaginar que o primeiro desses dois componentes tenha podido existir um dia sem o outro. É por isso que, constatando em suas fontes sobre a Roma primitiva a existência de uma aristocracia de chefes de clãs, de *patres*, ou membros do Senado, os historiadores acrescentaram-lhe o que era, a seus olhos, complemento obrigatório: a plebe. A aristocracia gentílica da época monárquica não poderia ser equiparada ao patriciado da primeira República (algo que os analistas não tinham como saber). A epigrafia registra um fenômeno chamado "mobilidade social horizontal", que deveria preferencialmente ser qualificada como étnica ou geográfica, na medida em que, passando de uma cidade a outra, os senhores e os ricos mercadores mudavam mais de povo e de soberano que de condição social. Causa ou efeito, essa mobilidade garante a abertura das aristocracias gentílicas da época arcaica, em oposição ao fechamento e ao exclusivismo hereditário que caracterizarão o patriciado. Como A. Magdelain e J.-C. Richard demonstraram, o procedimento de "interregno", garantindo a seus detentores, ainda que por pouquíssimo tempo, a posse dos auspícios maiores, apanágio do rei, deve pouco a pouco ter provocado – ou em todo caso favorecido – a constituição de uma nobreza de casta, em que se considera transmissível hereditariamente o prestígio adquirido pela investidura de Júpiter. Começa então uma reação em cadeia que resultará inicialmente na formação de um patriciado, isto é, de uma nobreza composta pelos filhos de *patres* (sentido de *patricii*) e, em seguida, por contragolpe, da plebe (o que não ocorrerá antes do início da República). É provável que seja com base nessa dinâmica que se deveria tentar adivinhar – não é possível fazer muito mais – a história das relações dos diferentes reis de Roma com o Senado (assembleia que reunia os chefes das *gentes*, que são os *patres*): a nomeação de novos senadores é um meio de se garantir fiéis e de controlar clãs rivais.

O poder dessas aristocracias, primeiro emergentes, depois prósperas, repousa sobre a propriedade das terras que os membros de cada "grande família" (*gens*) possuem em comum, dispostos a explorá-los em unidades menores (por *familia*, isto é, família restrita?). Seu ideal de vida é fundado no que se chama a ideologia do banquete, cujo modelo é fornecido pela obra de Homero e ilustrado pelas descobertas arqueológicas feitas a partir do século VII a.C. (Ficana). Esses grupos gentílicos podem já contar com o apoio dos clientes (que são os vassalos, ao mesmo tempo livres e subordinados). As tumbas modestas agrupadas em torno de sepulturas de rico mobiliário reveladas pela necrópole de l'Osteria dell'Osa trazem, em data precoce, a provável atestação arqueológica. No entanto, na sociedade rural que é a Roma das origens, onde as inovações são muito raras e a agricultura é de subsistência, a guerra é o grande meio de adquirir rapidamente riquezas e poderio, o grande fator de evolução social. Ela está onipresente em Roma, dando sua medida ao tempo e ao espaço: de março a outubro, os sálios, sacerdotes de Marte, percorrem a cidade em procissões, ritmando com suas danças e seus cantos rituais a abertura e o encerramento da temporada de combates. Nesse "querer-viver-junto" que levará ao desenvolvimento das cidades no

AS ORIGENS DE ROMA

Lácio, há o desejo das elites gentílicas de melhor controlar as forças produtivas, mas certamente também, por parte de todos, o desejo comum de segurança.

Quais são as instituições dessa Roma monárquica? O formalismo religioso e jurídico dos romanos permite tentar encontrar, por uma espécie de arqueologia institucional, o funcionamento dos poderes sob a primeira monarquia, por meio do que dela subsiste sob a República. Roma foi organizada inicialmente em trinta cúrias e, sem dúvida, três tribos (cuja existência é muito provável, ainda que contestada por alguns). As trinta cúrias reunidas formam uma assembleia chamada de comícios curiais, reduzidos sob a República e o Império ao ajuntamento simbólico de trinta lictores. Parece claro que uma das atribuições maiores desses comícios tenha sido a investidura civil do poder supremo que eles outorgavam ao rei, como posteriormente aos magistrados da República. Certos eruditos, é verdade, reservam a lei curial à República, o que torna pouco verossímil o quadro curial, justamente, desse procedimento. A assembleia curial tinha sem dúvida de aprovar também as decisões concernentes à paz ou à guerra.

Assim, o rei, ajudado pelo Senado (*senatus*) – cuja etimologia indica ter sido na origem um conselho de anciãos (*senes*) –, convoca o povo de cidadãos-soldados reunidos em cúria, ao qual é proposta uma decisão que ele só tem de aprovar, trazendo-lhe um sufrágio (*suffragium*) que nada mais é do que o barulho (*fragor*) das armas entrechocando-se em sinal de assentimento.

Visto assim, de bastante longe, distingue-se aproximativamente a organização do edifício institucional da monarquia romana na sua primeira fase: querendo-se precisá-la mais, esbarrar-se-ia nos detalhes das controvérsias eruditas que lhe embaçam a imagem. Os estudiosos continuam, por exemplo, a se interrogar sobre as relações entre o sistema curial e os clãs (*gentes*). Segundo uma etimologia sedutora (*cúria* estaria relacionado com *couirites*), mas contestada, a cúria seria um agrupamento de *viri*, uma forma de associação, pré-urbana para alguns. Em Roma, em todo caso, ela é uma divisão da cidade, um "distrito", caso se queira, valendo como uma unidade ao mesmo tempo humana e territorial. A igualdade entre o número das cúrias e a dos *populi* chamados *albenses* sugere que a cidade se modelou sobre a Liga.

As origens de Roma

A existência de *curiae novae*, ligadas pela tradição à conquista de Alba, poderia indicar que a Roma romuleana ainda não tinha trinta cúrias. Quanto às três tribos nas quais estaria distribuída a população romana durante os primeiros reinados, nada se sabe delas, se não que seus nomes (*Tities, Ramnes* e *Luceres*) têm no mínimo uma forma etrusca. Apenas uma análise diferencial, por comparação com o sistema adotado em seguida, na medida em que ele é apresentado como uma novidade pela fontes, poderia trazer aqui um esclarecimento indireto: estando o novo modo de repartição dos cidadãos atribuído a Sérvio Túlio fundado sobre o local de residência, pode-se sem dúvida daí concluir que o princípio do sistema atribuído a Rômulo não era territorial. Se não se tratasse então de direito ao solo, a lógica estaria em pensar que as tribos romuleanas fundavam uma maneira de direito do sangue: mas a pesquisa atual afasta geralmente todo critério de pertencimento étnico, apesar das indicações da tradição antiga (que sugere uma ligação entre os *ramnes* e os albanos, os *titienses* e os sabinos, os *luceres* e os etruscos, isto é, os três povos que cercam o sítio romano). Em todo caso, a abertura étnica da cidade arcaica é revelada pela mobilidade "horizontal" atestada pela epigrafia. Essa plasticidade da cidade romana, que a opõe às cidades gregas, onde a cidadania é estritamente hereditária, é geralmente considerada pelos historiadores atuais um dos fatores mais poderosos da expansão da Urbe. Os próprios antigos tinham disso consciência: Cícero destaca (*Pro Balbo*, 13, 1) a capacidade de integração da Roma romuleana, e mais tarde o imperador Cláudio irá se apoiar no exemplo de Sérvio Túlio, ao pedir aos senadores que acolhessem gauleses em suas fileiras.

A esse rei, a tradição atribui a criação do sistema centurial, que sobreviverá à queda da monarquia: ele divide Roma e sua população em quatro partes ou "regiões", chamadas Suburana, Esquilina, Colina e Palatina, em uma ordem que assinala claramente a promoção dos novos bairros externos à cidade palatina. Fundado sobre a avaliação das fortunas e sobre o poder dos mais ricos, é um sistema censitário e oligárquico. As cinco classes dessa "constituição sérvia" foram reduzidas a duas pela erudição moderna, que distingue somente a *classis* ("os chamados") e a *infra classem*: tanto quanto política, essa divisão tem valor militar, e o mesmo termo,

AS ORIGENS DE ROMA

exercitus, designa a assembleia e o exército do povo romano, ambos organizados com base na unidade chamada centúria. A *classis* agrupa os soldados-cidadãos ricos o bastante para pagar por seu equipamento. A teoria brilhante (P. Fraccaro, 1931) segundo a qual a estrutura da legião romana dos tempos republicanos teria perpetuado a do exército arcaico é hoje cada vez mais contestada, ou no mínimo deslocada para os séculos V e IV a.C. Quanto à reestruturação militar e política concluída no século VI a.C., deve ser relacionada não com o surgimento, mas com a difusão do armamento hoplita[13] e a do combate em formação compacta, dito falange. Criadora de novas solidariedades, tanto na guerra como na cidade, a reforma deve ter tido não somente efeitos militares, mas também políticos e sociais importantes. Mesmo que esteja claro que sua apresentação nas fontes literárias é anacrônica – não fosse em razão das unidades monetárias citadas –, sua realidade histórica é agora unanimemente reconhecida: como quase sempre, o anacronismo não inventa a essência do fato

---

[13] Capacete, escudo, couraça, polainas, lança e espada portados pelo soldado de infantaria. (N.T.)

que ele transforma. O sentido verdadeiro da "constituição sérvia" permanece, quanto a ele, objeto de interrogações: tratar-se-ia de consolidar o poder de uma minoria aristocrática, criando por direito a desigualdade das riquezas, ou, ao contrário, desejava-se consagrar a participação no poder daqueles que dele estariam excluídos até então? Por mais injusto que pudesse nos parecer, o fundamento censitário do sistema sérvio era mais flexível, mais "integrador" em relação aos recém-chegados que o quadro curial, no qual as grandes famílias tinham adquirido peso importante, apesar de certamente não ser original. Organizando a cidade sobre novas bases territoriais e timocráticas, a reforma – ou antes, revolução – sérvia provocará a oposição das nobrezas gentílicas. O movimento que conduziria à queda da monarquia (ou talvez inicialmente a seu enfraquecimento progressivo) foi, portanto, muito provavelmente de inspiração aristocrática – o que as fontes deixam transparecer – e constitui sem dúvida o produto de uma aliança entre a elite senatorial e o pequeno povo. Os *Fastes* provam, aliás, que a República que sucederá essa monarquia é indiscutivelmente o apanágio de um pequeno

AS ORIGENS DE ROMA

número de grandes "casas". Quer dizer que não haverá contrassenso histórico mais flagrante que o dos revolucionários franceses de 1789, vendo na primeira República romana o modelo e a referência do regime democrático que pretendiam estabelecer. Em Roma, a monarquia, ao menos em seu momento sérvio, foi "democrática", e a ela sucede uma República oligárquica.

Religião, sociedade, instituições: vimos que em todos esses domínios a realeza ocupa o papel principal. E este é tão ou mais importante, pois Roma, durante todo o período monárquico, é marcada por uma transformação permanente: se seu território pode ser avaliado em cerca de 150 quilômetros quadrados no fim do século VIII a.C., atingirá, no fim de VI a.C., cerca de 1.000 quilômetros quadrados, e isso em pouco mais de dois séculos. É o rei que, em seu palácio (a *Regia*), onde são veneradas as divindades da guerra e da abundância, Marte e Ops, garante misticamente a proteção e a prosperidade de Roma. Por enquanto, essa realeza sagrada não é uma teocracia: o rei é o sacerdote, e não ao contrário. Reduzido ao papel sacro, o rei será o *rex sacrificulus* da República (ou os últimos tempos da monarquia?). Na plenitude de seus poderes, o rei de Roma parece dotado de uma grande capacidade de inovação religiosa, se realmente se deve relacionar à dinastia tarquínia a substituição, pela nova tríade Júpiter-Juno-Minerva (para a qual não se encontrou nenhum precedente etrusco), da antiga tríade arcaica, comprovada por índices seguros, e que associava a Júpiter Marte e Quirinus. Há um laço particular entre o rei e Júpiter: exprimem-no a investidura auspicial, que "inaugura" cada reinado e seu titular, e um rito como o triunfo, que foi de início, no século VI a.C., uma cerimônia anual de renovação cósmica. O rei triunfador é conduzido em seu carro ao Capitólio: seu porte e seu rosto lambuzado de mínio equiparam-no a uma estátua, à própria pessoa do deus supremo, que, como *Optimus* (*opes*: as riquezas) e *Maximus*, garante a prosperidade e o poderio da cidade. Desse modo, o rei é epifania do deus; o deus, hipóstase do rei. Assim, o rei assegura à cidade a benevolência dos deuses (*pax deorum*), velando sobre os ritos e os compromissos assumidos diante deles. O "rei dos sacrifícios", que, segundo Varrão (*Língua latina*, VI, 27-28), anuncia no início de cada mês, do alto do Capitólio, diante do povo reunido, a data das festas por vir, foi certamente de início o próprio rei, substituído depois, no dia das Calendas, pelos pontífices auxiliados por um arauto, o *calator*, cujo nome, significativamente, se encontra na estela funerária do *Lapis niger*. Esse texto é uma lei sacra (*lex arae* do *Volcanal*?), sem dúvida emanada do próprio rei, visto que ali figura a palavra *rex*. Os eruditos antigos situam essa proclamação real do calendário em uma *curia calabra*, localizada no Capitólio, e que, de uma maneira ou de outra, deve estar relacionada ao sistema curial. Ora, o sítio etrusco de Tarquínia revelou o exemplo de uma área pública organizada a partir do fim do século VIII a.C. e que, segundo M. Torelli, traz uma confirmação indireta à tradição romana. O rei vela,portanto, sobre o transcurso do tempo em seus aspectos sacros e cívicos. Ele desempenha igualmente um papel no funcionamento da cidade: os calendários republicanos conservaram, em efeito, para o 24 de março e o 24 de maio, a abreviação QRCF (*"quando rex comitiauit fas"*). Qualquer que seja o sentido do verbo, que aqui permanece controvertido ("presidir" os comícios ou "vir a eles"), a fórmula revela o papel judiciário e institucional do rei. É no lugar chamado Comício (*Comitium*), cuja etimologia indica ser o da reunião dos cidadãos, e diante da Cúria, sede do Senado, que o soberano profere (cada mês?) justiça. Ele é *iudex*, quer dizer, não aquele que pronuncia um direito ainda inexistente, mas o que mostra, segundo o sentido antigo da expressão *ius dicere*, qual dos queixosos está com a razão. Senado, assembleia do povo, rei: a topografia, que conserva como fossilizadas as antigas relações de poder, ilustra uma trindade desigual, em que o Senado apenas aconselha, o povo aprova e a monarquia decide "soberanamente".

Dessa forma, o rei de Roma é "todos os poderes em um", como já o dizia Montesquieu.

Senhor do tempo quando da proclamação calendária, senhor do espaço no ritual auspicial que lhe permite aumentar a superfície da Urbe, construtor da cidade, representando as potências divinas e intercessor delas em relação às vontades humanas, organizador do corpo cívico, chefe de guerra: o rei da era arcaica encarna e garante a unidade da comunidade civil. Uma vez depostos, *post reges exactos*, o novo Estado republicano impulsionará mais longe, sem cessar, a preocupação em dividir e disseminar cada

As origens de Roma

vez mais o que fora a unidade do poder real (e inversamente o Principado buscará, com tenacidade, recompor em seu benefício). Então, após um longo período de guerras civis, será enfim chegado o tempo em que, aos olhos dos contemporâneos de Augusto, o passado mais distante da cidade tomará as cores da utopia.

Conclusão

Ao fim dessas análises, evidencia-se, portanto, que a tradição antiga sobre as origens de Roma é em si mesma um fato histórico, cuja importância não poderia ser negligenciada. Por ter sido para os romanos um meio de pensar sua relação com a origem, o sagrado e o poder, essa tradição tem todas as características do mito. À sua maneira, ela exprime essa transcendência terrestre que a cidade de Roma foi para os romanos. Há meio século, a arqueologia foi a alavanca que permitiu mostrar que a lenda das origens de Roma tinha ao mesmo tempo um incontestável valor histórico: é sem dúvida inútil procurar isolar um vetor que explique sozinho a conservação de uma tradição que valia tanto como paradigma cultural quanto como narrativa das origens e reivindicação de identidade. História sagrada da cidade, e mito de criação do mundo, o relato das origens de Roma foi transmitido e por certo transformado por todos os componentes da sociedade romana: religião, direito, ligados em seguida pela literatura. Na medida em que se é mais sensível ao que foi conservado ou então ao que foi inventado, é-se tradicionalista ou cético: seriam esses pontos de vista, aliás, opostos ou complementares? O principal é não cair no apriorismo, evitando tornar-se fideísta ou hipercrítico.

As descobertas e as aquisições dessas últimas décadas são espetaculares e, na maior parte das vezes, inesperadas. Isso não quer dizer, claro, que cada questão tenha encontrado sua resposta, mas sim que se tornam possíveis, ao contrário, novas questões e novas perspectivas.

Ontem confinada ao estudo do fim do período monárquico, a pesquisa sobre as origens de Roma remonta mais, e sem cessar, ao curso do tempo: essa marcha adiante da ciência – que cronologicamente é uma marcha a ré – deve prosseguir. Graças a ela, o passado cada vez mais distante inscreve-se na dimensão do futuro.

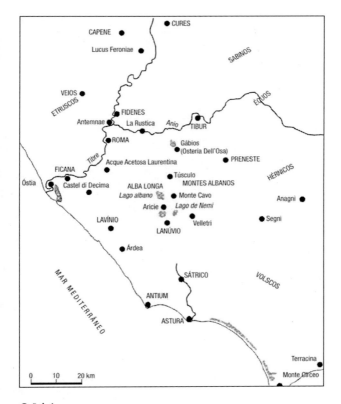

O Lácio

Fonte: A. Grandazzi. *La Fondation de Rome. Réflexion sur l'histoir*, Paris, Le Belles Lettres, 1991.

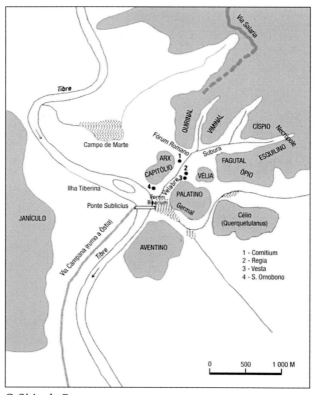

O Sítio de Roma

Fonte: A. Grandazzi, *La Fondation de Rome. Réflexion Sur l'histoir*, Paris, Le Belles Lettres, 1991.

BIBLIOGRAFIA

Collection des universités de France. Paris: Les Belles Lettres. Contém os textos originais e a tradução francesa dos autores antigos mencionados neste livro (Tito Lívio, Virgílio, Dionísio de Halicarnasso, Plutarco, os Analistas).

ALFÖLDI, A. *Early Rome and the Latins*. Ann Arbor: University of Michigan Press, 1965.

BIETTI SESTIERI, A. M. *The Iron Age Community of Osteria dell'Osa*. Cambridge: Cambridge University Press, 1992.

BIETTI SESTIERI, A. M.; DE SANTIS, A. *Protostoria dei popoli latini*. Milão: Electa, 2000.

BOLLETTINO DI ARCHEOLOGIA, 31-34, 1995, 2 v., Roma: Istituto Poligrafico e Zecca dello Stato, 2000.

BRIQUEL, D. *Le regard des autres. Les origines de Rome vue par ses ennemis*. Besançon: Université de Franche-Comté, 1997.

CARAFA, P. *Il comizio di Roma dalle origini all'età di Augusto*. Roma: "L'Erma" di Bretschneider, 1998.

CARANDINI, A. *La nascita di Roma. Dèi, Lari, eroi e uomini all'alba di una civiltà*. Turim: Einaudi, 1997.

COARELLI, F. *Il foro romano. Periodo arcaico*. Roma: Quasar, 1983.

COARELLI, F. *Il foro boario*. Roma: Quasar, 1988.

COLONNA, G. I Latini e gli altri popoli del Lazio. In *Italia Omnium Terrarum Alumna*. Milão: Scweigwiler, 1988.

CORNELL, T. J. *The beginnings of Rome. Italy and Rome from the Bronze Age to the Punic Wars (c. 1000-264 B.C.)*. Londres/Nova York: Routledge, 1995.

DUMÉZIL, G. *La religion romaine archaïque*. Paris: Payot, 1974.

FRASCHETTI, A. *Romolo il fondatore*. Roma/Bari: Laterza, 2002.

GABBA, E. *Roma arcaica. Storia e storiografia*. Roma: Edizioni di storia e letteratura, 2000.

GJERSTAD, E. *Early Rome*. Lund: C. W. K. Gleerup, 1953-1973, 6 v.

GRANDAZZI, A. *La fondation de Rome. Réflexion sur l'histoire*. Paris: Les Belles Lettres, 1991.

HEURGON, J. *Rome et la Méditerranée occidentale jusqu'aux guerres puniques*. Paris: PUF, 1993.

MAGDELAIN, A. *De la royauté et du droit de Romulus à Sabinus*. Roma: "L'Erma" di Bretschneider, 1995.

MARTIN, P. M. *L'idée de royauté à Rome*. Clermont-Ferrand: Éd. Adosa, 1982 e 1994, 2 v.

MARTINEZ PINNA, J. *Tarquinio Prisco: ensayo historico sobre Roma arcaica*. Madri: Ed. Clásicas, 1996.

AS ORIGENS DE ROMA

MASTROCINQUE, A. *Romolo (la fondazione di Roma tra storia e leggenda)*. Este: Zielo, 1993.

MAZZARINO, S. *Dalla monarchia allo stato repubblicano* (1945). Milão: Rizzoli, 1992.

MOMIGLIANO, A. *Roma arcaica*. Florença: Sansoni, 1989.

MOMIGLIANO, A.; SCHIAVONE, A. (orgs.). *Storia di Roma, I: Roma in Italia* (ver principalmente as contribuições de C. Ampolo). Turim: Einaudi, 1988.

PALLOTTINO, M. *Origini e storia primitiva di Roma*. Milão: Rusconi, 1993.

PERUZZI, E. *Civiltà greca nel Lazio preromano*. Florença: Olschki, 1998.

POUCET, J. *Les rois de Rome. Tradition et histoire.* Bruxelas: Altera Diffusion, 2000.

RASKOLNIKOFF, M. *Histoire romaine et critique historique dans l'Europe des Lumières*. Rome: EFR, 1992.

RICHARD, J.-C. *Les origines de la plèbe romaine. Essai sur la formation du dualisme patricio-plébéien.* Roma: EFR, 1978.

ROME DES PREMIERS SIÈCLES. LÉGENDE ET HISTOIRE, LA. Mesa-redonda. Florença: Olschki, 1992.

SCAVI DEL PALATINO. I. P. Pensabene e S. Falzone (orgs.). Roma: "L'Erma" di Bretschneider, 2001.

SMITH, C. J. *Early Rome and Latium. Economy and Society c. 1000 to 500 B.C.* Oxford: Clarendon Press, 1996.

WISEMAN, T. P. *Remus. A Roman Myth*. Cambridge: Cambridge University Press, 1995.

ZIOLKOWSKI, A. *The Making of Archaic Rome* (no prelo).

SOBRE O LIVRO

Formato: 12 x 21 cm
Mancha: 19 x 39,5 paicas
Tipografia: Iowan Old Style 12/17
Papel: Pólen 80 g/m² (miolo)
Cartão Supremo 250 g/m² (capa)
1ª edição: 2010

EQUIPE DE REALIZAÇÃO

Capa
Estúdio Bogari

Edição de Texto
Elisa Andrade Buzzo (Copidesque)
Danielle Mendes Sales (Preparação de texto)
Sandra Brazil (Revisão)

Editoração Eletrônica
Sergio Gzeschnik (Diagramação)

Impressão e acabamento